高等院校民航服务专业系列教材

民用航空服务与操作
（第2版）

周为民　杨桂芹　车云月　主　编
苗俊霞　刘茗翀　李佳璠　林贯丽　副主编

清华大学出版社
北　京

内 容 简 介

本书着重介绍了航空公司服务理念、航空公司服务产品、客舱服务技巧、饮料服务规范、餐食服务规范、特殊乘客服务等基本知识。通过本书的学习，能够使学生了解民航机上服务的内容、服务标准和服务要求。通过实际操作训练，可强化学生对服务的认知和理解，提高学生的动手能力和解决问题的能力，最终成为航空公司所需要的人才。为了便于大家更好地学习，本书每章配有练习题，帮助学生掌握所学内容。

本书适合高等院校民用航空专业的学生使用，也可供相关专业从业人员参考。

本书封面贴有清华大学出版社防伪标签，无标签者不得销售。
版权所有，侵权必究。举报：010-62782989，beiqinquan@tup.tsinghua.edu.cn。

图书在版编目(CIP)数据

民用航空服务与操作/周为民，杨桂芹，车云月主编. —2版. —北京：清华大学出版社，2020.1(2024.7重印)
高等院校民航服务专业系列教材
ISBN 978-7-302-54308-4

Ⅰ.①民… Ⅱ.①周… ②杨… ③车… Ⅲ.①民用航空—旅客运输—商业服务—高等学校—教材 Ⅳ.①F560.9

中国版本图书馆CIP数据核字(2019)第271783号

责任编辑：杨作梅
封面设计：杨玉兰
责任校对：王明明
责任印制：宋　林

出版发行：清华大学出版社
网　　址：https://www.tup.com.cn, https://www.wqxuetang.com
地　　址：北京清华大学学研大厦A座　　邮　编：100084
社 总 机：010-83470000　　邮　购：010-62786544
投稿与读者服务：010-62776969, c-service@tup.tsinghua.edu.cn
质量反馈：010-62772015, zhiliang@tup.tsinghua.edu.cn
课件下载：https://www.tup.com.cn, 010-62791865

印 装 者：三河市龙大印装有限公司
经　　销：全国新华书店
开　　本：185mm×260mm　　印　张：13　　字　数：316千字
版　　次：2014年10月第1版　　2020年1月第2版　　印　次：2024年7月第9次印刷
定　　价：49.00元

产品编号：082691-01

高等院校民航服务专业系列教材
编审委员会

主　　任：梁秀荣（中国航协飞行与乘务委员会高级顾问）

副 主 任：徐小搏（北京东方通航教育科技有限公司总经理）

主任委员：

　　　　　周为民（原中国国际航空股份有限公司培训部教员、国家乘务技术职能鉴定考评员、国家级高级乘务员）

　　　　　杨桂芹（原中国国际航空股份有限公司主任乘务长、国家级高级乘务员）

　　　　　苗俊霞（原中国国际航空股份有限公司培训部教员、国家乘务技术职能鉴定考评员、国家级乘务技师）

　　　　　刘茗翀（原中国国际航空股份有限公司乘务长、海南航空乘务训练中心教员、国家级高级乘务员）

　　　　　马　静（原中国国际航空股份有限公司主任乘务长、国家高级乘务员）

高等院校民航服务专业系列教材
编写指导委员会

总策划：车云月

主　任：王　涛

副主任：李海东　姜琳丽　霍巧红

委　员：周　贤　郭　卫　陈倩羽　徐颖丽　王瑞亮
　　　　　郭　峰　姚庆海　李　杨　杨　峰

前　　言

　　提高服务意识，需要较高的文化素养，需要有追随现代航空高速发展的热情和能力。为了航空事业发展后继有人，为了提高高校教学质量和填补与完善航空专业教材的不足，根据航空公司特殊岗位的需求，经过几位专家的共同努力，特编写了本书。本书集中表达了服务是航空企业的生命，服务至上是航空公司始终追求的理念和最高境界，掌握良好的服务技能，遵守严格的服务标准和规范是航空公司发展的基础。并且诠释了航空公司秉承发自内心的尊敬、真诚热情的沟通、精细专业的服务、无微不至的关注等服务理念。

　　通过对本书的学习，希望使 21 世纪的年轻人、热爱航空专业的学生，能够提高个人道德修养，提高服务意识，热爱社会、热爱本职工作，增强对工作的责任感，树立正确的道德观、人生观和价值观。通过躬行践履，提高学生对服务的认知能力、理解能力和动手能力，为今后更好地服务于社会、服务于民航打下良好的基础，把为他人服务变成一种发自内心、心甘情愿的实际行动，在平凡的岗位上实现人生价值。

　　本书由周为民、杨桂芹、车云月、苗俊霞等几位从事民航领域飞行工作 30 多年的权威专家，以及拥有国内外多家航空公司飞行经验的刘茗翀共同完成。编者为民航教学资深培训教官，拥有中国航协、国际航协 IATA 教员资质，在高等学院多次做过航空专业专题讲座，是具备丰富教学经验和实训教学经验的一流民航专家。其中周为民、杨桂芹、车云月任主编，苗俊霞、刘茗翀、李佳璠、林贯丽任副主编。

　　由于编者水平有限，书中难免有不足之处，谨恳请各位专家、各专业院校的教师和同学们批评、指正。

编　者

目　　录

第一章　航空公司的服务理念以及人员素质的培养 ... 1

第一节　中国三大航空(集团)公司及其服务理念 ... 2
　　一、中国国际航空股份有限公司 ... 2
　　二、中国东方航空股份有限公司 ... 2
　　三、中国南方航空股份有限公司 ... 3
　　练习题 ... 4

第二节　民用航空服务人员素质的培养 ... 4
　　一、人的素质取决于三大要素 ... 4
　　二、十种修炼 ... 5
　　三、航空服务人员的基本素质 ... 7
　　练习题 ... 10

第三节　案例分享 ... 10

第二章　服务产品介绍 ... 13

第一节　娱乐服务 ... 14
　　一、音视频节目 ... 14
　　二、阅读刊物 ... 14

第二节　服务用品 ... 16
　　一、贴心服务用品 ... 16
　　二、儿童玩具 ... 17
　　三、航程累积会员卡服务产品 ... 18
　　四、免税品销售 ... 19
　　五、飞机上允许使用的信用卡和货币 ... 19
　　六、UM乘客服务 ... 23
　　七、"醒后服务卡"服务产品 ... 23

第三节　餐饮呈现 ... 24
　　练习题 ... 25

第三章　客舱服务技巧 ... 27

第一节　灯光的管理 ... 28
练习题 ... 28

第二节　客舱温度与登机音乐的服务 ... 28
一、客舱温度 ... 29
二、播放登机音乐、影视节目 ... 29
练习题 ... 29

第三节　门帘的操作 ... 29
练习题 ... 30

第四节　书报杂志的提供 ... 31
一、报纸杂志的拿法 ... 31
二、提供报纸的操作方法 ... 32
三、提供杂志的操作方法 ... 33
四、提供时的要点 ... 33
练习题 ... 34

第五节　服务操作规范 ... 34
一、端 ... 34
二、拿 ... 34
三、倒 ... 35
四、送 ... 36
五、收和放 ... 38
六、推和拉 ... 38
七、水车摆放 ... 39
练习题 ... 40

第四章　饮料服务规范 ... 43

第一节　饮品种类 ... 44
一、软饮料 ... 44
二、酒类 ... 44
三、热饮 ... 44

第二节　提供规范 ... 45
一、果汁的提供规范 ... 45
二、气体饮料的提供规范 ... 46

　　　　三、矿泉水的提供规范 47

　　　　四、啤酒的提供规范 47

　　　　五、茶水的提供规范 47

　　　　六、咖啡的饮用方式及提供规范 48

　　　　练习题 49

第五章　餐食服务规范 51

第一节　餐食种类 52

　　　　一、餐盘形式分类 52

　　　　二、其他类 52

　　　　三、食品名称介绍 53

　　　　练习题 56

第二节　特殊餐食介绍 56

　　　　一、18种特殊餐食的名称 56

　　　　二、特殊餐食的四字代码 58

　　　　练习题 59

第三节　提供规范 59

　　　　一、印度教餐 59

　　　　二、穆斯林餐 59

　　　　三、犹太教餐 59

　　　　四、印度素食 60

　　　　五、西方素食 61

　　　　六、东方素食 61

　　　　七、儿童餐 62

　　　　八、婴儿餐 62

　　　　九、注意事项 62

　　　　练习题 63

第四节　餐食烘烤的标准 63

　　　　练习题 64

第六章　特殊乘客的服务 65

第一节　对老年人的服务 66

　　　　一、登机阶段的服务 67

　　　　二、巡航阶段的服务 67

三、下机阶段的服务 ………………………………………………………………… 67
　　　练习题 …………………………………………………………………………… 68
第二节　无成人陪伴儿童的服务及注意事项 …………………………………………… 68
　　一、无成人陪伴儿童的服务 ……………………………………………………… 69
　　二、注意事项 ……………………………………………………………………… 70
　　　练习题 …………………………………………………………………………… 70
第三节　对婴儿的服务 …………………………………………………………………… 71
　　一、登机阶段的服务 ……………………………………………………………… 71
　　二、巡航阶段的服务 ……………………………………………………………… 71
　　三、下降—下机阶段的服务 ……………………………………………………… 72
　　　练习题 …………………………………………………………………………… 73
第四节　聋哑乘客的心理特征及服务 …………………………………………………… 73
　　一、聋哑乘客的心理特征 ………………………………………………………… 73
　　二、对聋哑乘客的服务 …………………………………………………………… 74
　　　练习题 …………………………………………………………………………… 74
第五节　对肥胖乘客的服务 ……………………………………………………………… 74
　　　练习题 …………………………………………………………………………… 75
第六节　对身体不便乘客的服务 ………………………………………………………… 75
　　一、对坐轮椅乘客的服务 ………………………………………………………… 75
　　二、对患有精神病乘客的服务 …………………………………………………… 76
　　三、对担架病人的服务 …………………………………………………………… 77
　　四、对需要持有医疗证明的乘客的服务 ………………………………………… 78
　　　练习题 …………………………………………………………………………… 78
第七节　对盲人的服务 …………………………………………………………………… 78
　　一、登机阶段的服务 ……………………………………………………………… 79
　　二、巡航阶段的服务 ……………………………………………………………… 79
　　三、下机阶段的服务 ……………………………………………………………… 80
　　　练习题 …………………………………………………………………………… 81
第八节　孕妇的服务要求及心理特征 …………………………………………………… 81
　　一、对孕妇的服务 ………………………………………………………………… 81
　　二、孕妇的心理特征 ……………………………………………………………… 82
　　　练习题 …………………………………………………………………………… 82
第九节　对晕机乘客的服务 ……………………………………………………………… 82

一、起飞前滑行阶段的服务 83

二、巡航阶段的服务 83

三、下机阶段的服务 84

练习题 84

第十节　对丢失物品的处理 84

练习题 85

第十一节　对遣返乘客的服务 85

练习题 85

第十二节　对旅行团乘客及特殊乘客的服务 86

练习题 86

第十三节　对死亡或休克事件的处置 86

练习题 93

第七章　航空公司人员的岗位职责及各个工作阶段 95

第一节　岗位及等级的名称 96

练习题 96

第二节　通用岗位的职责 96

一、客舱乘务员的职责 96

二、厨房乘务员的职责 98

三、广播员的职责 101

练习题 101

第三节　B737-800/A320型飞机乘务员的岗位职责 102

一、迎送乘客站位 102

二、乘务员的座位安排 103

三、负责操作机门滑梯的乘务员 103

四、各号位的岗位职责 104

练习题 105

第四节　通用服务工作的四个阶段 105

一、第一阶段——航前准备阶段 105

二、第二阶段——直接准备阶段(机组登机后) 110

三、第三阶段——空中实施阶段(飞机起飞后) 113

四、第四阶段——航后讲评阶段(飞机落地后) 113

练习题 114

第八章　客舱服务工作的操作流程(学生必读) 115

第一节　服务工作的四个阶段 116
　　一、预先准备阶段 116
　　二、直接准备阶段 116
　　三、空中实施阶段 118
　　四、航后讲评阶段 119

第二节　客舱模拟训练要求(学生必读) 119
　　一、着装 119
　　二、其他 119

第三节　服务敬语 120
　　一、10字礼貌敬语 120
　　二、各种环境场合使用的礼貌用语练习 120

第四节　广播词 123
　　一、欢迎词(关闭舱门广播) 123
　　二、起飞后 123
　　三、航线介绍 125
　　四、开餐广播 126
　　五、着陆前(30分钟) 126
　　六、着陆后 126
　　七、安全演示 127

第五节　安全演示物品 129
　　练习题 130

第九章　对高端乘客的服务 131

第一节　对高端乘客的标识 132
　　一、高端乘客身份注解(VVIP/VIP/CIP) 132
　　二、高端乘客的标识与英文代码 133

第二节　高端乘客的需求 133
　　一、心理需求 133
　　二、服务需求 134

练习题 134

第十章　两舱环境的介绍 135

第一节　德国汉莎航空公司 136

一、机上头等舱和地面头等舱乘客休息厅 136
　　二、服务特点 136
第二节　美国航空 137
第三节　中国国际航空 137
　　一、头等舱和商务舱 137
　　二、服务项目 138
　　三、背景资料 139
第四节　两舱环境 140
　　一、座椅 140
　　二、用品 140
　　三、洗漱用具 141
　　四、地面服务 142
练习题 143

第十一章　两舱的供酒知识 145

第一节　酒文化 146
　　一、酒的起源 146
　　二、酒的作用 146
　　练习题 148
第二节　酒的基本知识 148
　　一、什么是酒 148
　　二、什么是酒精 148
　　三、酒精度数的表示方式 148
　　四、酒的分类 148
　　五、酒的饮用方法 150
　　练习题 150
第三节　鸡尾酒 150
　　一、鸡尾酒的起源与特点 150
　　二、鸡尾酒的配制 152
　　三、混合饮料 152
　　四、鸡尾酒配制的基本公式 152
　　五、配酒辅助饮料 152
　　六、点缀物 152
　　练习题 153

第四节　世界著名品牌 154
      一、啤酒 154
      二、葡萄酒 155
      三、著名的白兰地品牌 159
      四、著名的威士忌品牌 162
      五、著名的伏特加品牌 167
      六、著名的金酒品牌 168
      七、著名的罗姆酒品牌 169
      八、著名的利口酒品牌 170
      九、常饮用的鸡尾酒 171
   练习题 175

第十二章　两舱的供餐程序 177
   第一节　为用餐旅客提供一条热毛巾 178
   第二节　提供餐谱、酒单 179
   第三节　铺桌布、提供餐前酒水 179
   第四节　摆放餐具 180
   第五节　鱼子酱 180
   第六节　面包、汤 181
      一、面包 181
      二、汤 182
   第七节　冷荤盘 183
   第八节　沙拉 184
   第九节　主菜 185
   第十节　餐后水果、奶酪、甜品 186
      一、水果 187
      二、奶酪 187
      三、蛋糕 190
   第十一节　送热毛巾 191
   第十二节　餐后热饮、巧克力、酒类 191
   第十三节　供餐结束清理桌面 193
      练习题 193

第一章
航空公司的服务理念以及人员素质的培养

　　服务是航空企业的生命，是航空公司发展的必备条件。这其中包含各种类型的服务，包括民航乘务员服务、民航地面服务、民航机务服务等。乘务员是航空公司面向乘客最直接、最长时间的服务窗口。培养专业化、规范化、训练有素的合格航空服务专业人士，是提升机上服务品质的前提。通过对本章内容的学习，使航空专业学生了解服务理念，树立良好的服务意识，以便在未来从事航空服务工作中，更好地为乘客提供优质服务。

第一节　中国三大航空（集团）公司及其服务理念

一、中国国际航空股份有限公司

以红色"凤凰"为标记的中国国际航空公司（简称"国航"），如同一张名片，享誉全球。多次圆满完成领导人的出访、海外救灾援助、接送奥运健儿等重大任务。

国航是中国唯一载国旗飞行的民用航空公司以及世界最大的航空联盟——星空联盟成员、2008 年北京奥运会和残奥会官方航空客运合作伙伴、2022 年北京冬奥会和冬残奥会官方航空客运合作伙伴，具有国内航空公司最高的品牌价值，在航空客运、货运及相关服务诸方面，均处于国内领先地位。

国航的愿景是"全球领先的航空公司"，使命是"安全第一，四心服务，稳健发展，成就员工，履行责任"，价值观是"人本，担当，进取，乐享飞行"，品牌定位是"专业信赖，国际品质，中国风范"。国航的企业文化表达了向世界传播爱心、追求卓越服务品质的理念。

国航的企业标识由一只艺术化的凤凰和中国改革开放总设计师邓小平同志书写的"中国国际航空公司"以及英文"AIR CHINA"构成。凤凰是中华民族远古传说中的祥瑞之鸟，为百鸟之王。国航标志是凤凰，集中体现在"中国红 凤凰体 VIP"上。标志颜色为中国传统的大红，造型以简洁舞动的线条展现凤凰姿态，同时又是英文"VIP"（尊贵客人）的艺术变形。凤凰是中华民族古老传说中的神鸟，也是中华民族自古以来所崇拜的吉祥鸟。据《山海经》记载：凤凰出于东方君子国，飞跃巍峨的昆仑山，翱翔于四海之外，飞到哪里就给哪里带来吉祥和安宁。国航推崇的凤凰精神的核心内涵是"传递吉祥，引领群伦，超越自我"。

二、中国东方航空股份有限公司

中国东方航空股份有限公司（简称"东航"）的航徽基本构图为圆形，取红、蓝、白三色，以寓意太阳、大海的上下半圆与燕子组合，表现东航的企业形象。红色半圆，象征喷薄而出的朝阳，代表了热情、活力，且日出东方，与东方航空名称吻合；蓝色半圆，象征宽广浩瀚的大海，寓意着东航航线遍及五湖四海；轻盈灵动的银燕，象征翱翔天际的飞机，燕子也被视为东方文化的载体，体现了东方温情。燕子尾部的线条勾勒出东航的英文名字"CHINA EASTERN"中的"CE"这两个字母。

为了立足市场，拥有服务精神已经成为每个航空人员的必备条件。做好你自己，就是为这个世界增添一丝希望。超越自身，追求完美的服务理念已经融入了东航的发展基因中，东航服务的DNA关键在于：正确认识自己、认识他人、认识世界、认识未来。这也是东航超越自己、携手并进、乘胜转型、决胜未来的行动指南。

在东航人眼里，服务意识决定了企业的成败，从传统"面对面"的人工服务到"背靠背"的信息服务，东航正在构建一个全新的服务品牌，让旅客最终感受到"心连心"的服务体验。人一能之，己百之；人十能之，己千之。东航奋斗不懈，持之以恒，努力创建世界一流航空企业，为全球客户创造更多价值。

今天，严谨而高效的东航人正以不断奋进、只争朝夕的姿态，推进企业发展。东航早已把自己融入国家、社会的需要之中，在感恩中奋进，在共赢中前行。在红日与大海之间，新东航自由地飞翔。

我们知道，只有当服务成为发自内心的自然流露，才是最贴心、最容易被接受的。

东航企业文化理念体系的具体内容包括：企业愿景——"员工热爱、顾客首选、股东满意、社会信任"的世界一流航空公司；企业精神——"严谨高效，激情超越"；企业核心价值观——"客户至尊，精细致远"；品牌核心价值——"世界品位，东方魅力"；品牌定位——"以精准、精致、精细的服务，不断创造精彩的旅行体验"；品牌气质——"精美的、高雅的、时尚的"。东航不断追求服务品质的提升，为顾客提供安全、舒适、便捷的航空运输服务和精准、精致、精细的全流程个性化服务，达到或超越顾客的期望，赢得顾客的信赖与忠诚，成为顾客心中首选，与顾客共同创造"世界品位、东方魅力"的品牌核心价值。

三、中国南方航空股份有限公司

中国南方航空股份有限公司（简称"南航"）的航徽由一朵抽象化的大红色木棉花衬托在宝蓝色的飞机垂直尾翼图案上组成，航徽色彩鲜艳，丰满大方。采用木棉花作航徽是因为公司创立时总部设在中国南方——广州，在南方人的心目中，木棉花象征坦诚、热情的品格，人们赞美它、热爱它，广州市民把它推举为自己的市花。

中国南方航空公司是中国运输飞机最多、航线网络最发达、年客运量最大的航空公司。南航年客运量居亚洲第一、世界第三；机队规模居亚洲第一、世界第四，是全球第一家同时运营空客A380和波音787的航空公司。中国南方航空集团有限公司坚持"安全第一"的核心价值观。中国南方航空股份有限公司秉承"客户至上"的理念，通过提供"可靠、准点、便捷"以及"规范化与个性化有机融合"的优质服务，致力于满足并超越客户的期望。2018年11月15日，中国南方航空股份有限公司宣布：在加入天合联盟运营满10年后，将于2019年1月1日起正式退出，并在2019年内完成各项过渡工作。

南航坚持"以人为本"的管理理念，实施文化战略，以"让南航成为客户的首选，成为沟通中国与世界的捷径"为公司使命，以"客户至上、安全诚信、行动和谐"为核心价值观，倡导"对员工关心，对客户热心，对同事诚心，对公司忠心，对业务专心"的企业文化，完美阐释了南航的企业文化和真诚的服务理念。南航企业文化"CSAIR"，分别为顾客至上(Customers)，尊重人才(Staff)，追求卓越(Advantage)，持续创新(Innovation)，爱心回报(Return)。

中国南方航空公司宣布启动"2010年品牌服务推广年"，决定通过全面贯彻"两一"服务理念，继续围绕"两舱个性化、经济舱标准化"，创新机制建设，强化服务管理，优化旅客乘机体验，提升营销能力，促进枢纽发展，着力打造中国服务最好、国际主流航空公司。保持"理念宣贯"和"标准执行"力度，南航将通过大力推广"两一"服务理念，引领员工从"被动服务"向"主动服务"转变，从"单纯服务"向"营销服务"转变，从"用行服务"向"用心服务"转变。

南航员工坚守 "一切从旅客的感受出发，珍惜每一次为旅客服务的机会"，其所传递的不只是大家勤于奉献的精神，还代表着南航人真诚的服务理念。

练习题

1. 中国国际航空公司的企业精神是什么？
2. 中国国际航空公司的企业价值观是什么？
3. 中国国际航空公司的服务理念是什么？
4. 中国东方航空公司的企业精神是什么？
5. 南方航空公司的服务理念是什么？

第二节　民用航空服务人员素质的培养

一、人的素质取决于三大要素

1. 态度

态度是主观能动性的问题，一个人是否具有知识和学习能力是可以衡量的，例如，某人是大学毕业生，并具备较强的学习能力。但是他是否具有主观能动性、工作态度如何，这些是看不出来的。

2. 知识

知识是指具有完成本职工作所必备的知识，如航空专业学生学过航空服务和技能理论，毕业于航空专业等。

3. 能力

能力是指既掌握了专业知识，又能把知识应用于实践。例如，管理能力，有的人掌握的知识很丰富，说起来头头是道，但是在实践中却管理不好；有的人既有知识，又能把事情和人管理得井井有条，这种人才是真正地具备综合管理能力。

二、十种修炼

（一）敬业是最卓越的工作态度

(1) 全心全意热爱工作。

(2) 今天比昨天更努力。

(3) 让敬业成为一种习惯。

(4) 要敬业，更要专业。

(5) 敬业会让你出类拔萃。

（二）拥有良好的人际关系

(1) 与上司协调好关系。

(2) 与同事协调好关系。

(3) 与客户协调好关系。

(4) 人脉就是财脉。

（三）团队协作优势互补

(1) 没有团队精神的组织是一盘散沙。

(2) 没有完美的个人，只有完美的团队。

(3) 任何时候都需要团队精神。

(4) 个人优势与团队优势互补。

(5) 团结合作能取得巨大的成就。

（四）积极主动工作

(1) 老板不在，依然努力地工作。

(2) 不要只为薪水而工作。

(3) 不要只做老板吩咐的事情。

(4) 主动而且出色地完成任务。

(5) 积极、主动地工作会让你收获更多。

（五）注重细节并精益求精

(1) 注重细节，工作中无小事。

(2) 注重细节，能把工作做得更好。

(3) 注重细节，才能精益求精。

(4) 注重细节，会带来成功的机会。

(5) 注重细节，能产生良好的效益。

（六）绝不找任何借口

(1) 没有任何借口。

(2) 工作中不产生对立情绪。

(3) 记住，这是你的工作。

(4) 不为错误找借口。

(5) 绝不能养成找借口的习惯。

（七）具备较强的执行力

(1) 执行力决定竞争力。

(2) 工作中有韧劲。

(3) 善于分析判断，具有很强的应变能力。

(4) 让自己成为执行高手。

（八）提高工作效率

(1) 一流的人找方法。

(2) 办法总比困难多。

(3) 不要把问题留到明天。

(4) 用正确的方法去做事情。

(5) 主动想方法，才能有奇迹。

（九）永远维护企业形象

(1) 以维护企业形象为荣，以损害企业形象为耻。

(2) 个人形象代表着企业形象。

(3) 善待、感动客户是维护企业形象的最佳表现。

(4) 以顾客的眼光看事情。

(5) 自觉遵守道德礼仪为行为准则。

（十）与企业共命运

(1) 不要只想着自己的利益。

(2) 自己的发展离不开公司的发展。

(3) 随时保持高度的企业危机意识。

(4) 与企业同甘共苦。

(5) 企业兴亡，我有责任。

永远记住这句话："要想让事情改变，首先要改变自我！"有梦想才会有追求，善于规划和实现梦想，才能让美梦成为现实。

三、航空服务人员的基本素质

由于每个人的成长环境、性格不同，内在的知识水平及文化修养产生差异，造成行为习惯的不同。每个人以个人良好的文化素养、渊博的学识、精深的思维能力为核心，会形成一种非凡的气质。良好的气质需要长时间的培养和锻炼。作为一名合格的航空乘务员，更需要长期不断地加强自身文化水平的提高、良好性格的培养和自身的修养，将外在的美和内在的美相结合。

（一）显性：基本知识、基本能力

飞机客舱服务是民航运输服务的重要组成部分，它直接反映了航空公司的服务质量。在激烈的航空市场竞争中，直接为旅客服务的乘务员的专业知识和工作能力，对航空公司占领市场、赢得更多的回头客起着至关重要的作用。高雅、端庄、美丽、大方是人们对航空乘务员的一致认同，但是仅以此为标准是远远不能胜任这个职业的。他们还需要具备一定的专业知识。

作为一名合格的航空乘务员，需要的专业知识包含以下内容。

1. 业务知识

作为一名乘务员，在飞机上不仅仅是端茶送水，还需要掌握更多的知识。比如，航班飞往美国，首先要掌握美国的国家概况、人文地理、政治、经济、航线地标等；其次要掌握飞机的客舱设备、紧急情况的处置、飞行中的服务工作程序以及服务技巧等。可以说，乘务员上要懂天文地理，下要掌握各种服务技巧，不单要有漂亮的外在美，还要有更加丰富的内涵。

2. 语言技巧

语言本身代表一个人的属性，一个人的成长环境会影响其说话习惯，作为一名乘务员要学会说话的艺术。不同的服务语言往往会得到不同的服务效果。掌握不同的说话技巧，如对老年乘客、对儿童乘客、对特殊旅客、对发脾气的旅客、对重要旅客、对第一次乘飞机的旅客的说话技巧，对航班乘客、对航班不正常时的说话技巧等。

在服务中，往往由于一句话，会给服务工作带来不同的结果。一句动听的语言，会给航空公司带来很多回头客；也可能由于一句难听的话，旅客会永远不再乘坐这家航空公司的飞机，可能还会遭遇旅客投诉，所以得罪了一名旅客相当于得罪几十名或上百名旅客。

案例：头等舱吃不了的给我吃？我不吃

在一个航班上，空姐为旅客提供正餐服务时，由于机上的正餐有两种热食供旅客选择，但供应到某位旅客时他所要的餐食品种刚好没有了，我们的乘务员非常热心地到头等舱找了一份餐食送到这位旅客面前，说："真对不起，刚好头等舱多出了一份餐我就给您送来了。"旅客一听，非常不高兴地说："头等舱吃不了的给我吃？我不吃！"

由于不会说话，乘务员的好心不但没有得到旅客的感谢，反而惹得旅客不高兴。如果我们的乘务员这样说："真对不起，您要的餐食刚好没有了，但请您放心，我会尽量帮助您解决。"这时，你可以到头等舱看看是否有多余的餐食能供旅客选用。拿到餐食后，在送到旅客面前时，你可这样说："我将头等舱配备的餐食提供给您，希望您能喜欢！欢迎您下次乘坐我们航空公司的飞机，我一定首先请您选择我们的餐食品种，我将非常愿意为您服务！"同样的一份餐食，但不同的一句话却带来了不同的结果，这就是说话的艺术。作为一名合格的乘务员，会说话真是太重要了！

美丽、端庄、大方的外表是人们印象中固定的航空乘务员的形象特征，怎样才能形成专业化的形象特征呢？

首先，乘务员的专业化形象是在日常生活中逐渐学习和养成的，不要指望上几天课就能将自己培养成一名气质出众的乘务员。学习礼仪的目的就是要树立和塑造乘务员的形象，这包括外在和内在两方面的内容。内在的提高包括素质的提高、心灵的净化；外在的提高包括仪容仪表、语言行为等方面。外在形象作为内在素质的体现，是以内在素质为基础的，所以只有加强自身的修养，才能做到"秀外慧中"，真正树立起乘务员的形象。

3. 语言谈吐礼仪

俗话说："良言一句三冬暖，恶语伤人六月寒。"可见语言使用是否得当，是否合乎礼仪，会产生迥然不同的效果。日常生活中，人们运用语言进行交谈、表达思想、沟通信息、交流感情，从而达到建立、调整、发展人际关系的目的。一个人的言谈是考察一个人人品的重要标志。

(1) 言谈的仪态。不论是作为言者还是作为听者，交谈时必须保持精神饱满，表情自然大方、和颜悦色，应目光温和，正视对方。

(2) 话题的选择。首先要选择对方感兴趣的话题，比如与航空有关的话题，飞机飞多高、航班飞过的航线地标、在飞行中需注意的问题等。

(3) 言者的表现。乘务员在与旅客谈话时，语言表达应准确，语意完整，语声轻柔，语调亲切，语速适中，同时要照顾旅客的情绪和心情，不可自己滔滔不绝，要给旅客留下说话的机会，做到互相沟通。

(4) 做一名耐心的听众。在与旅客谈话中，乘务员要注意耐心听取旅客的讲话，对谈话的内容要做出积极的反应，以此来表现你的诚意，如点头、微笑或简单地重复旅客的谈话内容，同时恰如其分地赞美是必不可少的，它能使交谈气氛更加轻松、友好。

(二) 隐性：服务意识、职业道德、工作态度

1. 服务意识

在激烈的市场竞争中，服务质量的高低决定企业是否能够生存，市场竞争的核心实际上是服务的竞争。民航企业要想在市场竞争中赢得旅客，就必须提高自己的服务理念和意识。

服务意识是经过训练后逐渐形成的。意识是一种思想，是一种自觉的行动，是不能用规则来保持的，它必须融于每一位乘务员的人生观里，成为一种自觉的思想。

2. 热爱本职工作

对工作的热爱不是一时的，当自己理想中美好的生活被现实辛苦的工作打破后，要能一如既往地主动、热情、周到、有礼貌、认真负责、勤勤恳恳、任劳任怨地做好工作。

3. 有吃苦耐劳的精神

乘务员在人们眼中是在空中飞来飞去的令人羡慕的职业，但在实际工作中却承担了人们所想不到的辛苦，飞远程航线时差的不同、飞国内航线各种旅客的不同，工作中遇到的困难和特殊情况随时都会发生，没有吃苦耐劳的精神，就承受不了工作的压力，做不好乘务员工作。

4. 热情开朗的性格

乘务员的工作是一项直接与人打交道的工作，乘务员每天在飞机上要接触上百名旅客，需要随时与旅客进行沟通，没有开朗的性格是无法胜任此项工作的。

练习题

1. 取决于人的三大要素的是什么？
2. 什么是团队精神？
3. 做事情注重细节有什么好处？
4. 如何培养自己的执行力？
5. 如何才能提高工作效率？
6. 如何正视现实，适应环境？
7. 简述遭遇挫折后，如何调整自己的心态。

第三节　案　例　分　享

案例 1：昂起头来真美

珍妮是个总爱低着头的女孩儿，她一直觉得自己长得不够漂亮。

有一天，她到一家饰物店买了一只绿色蝴蝶结发卡，店主不断地赞美她戴上后真漂亮。珍妮虽不信，但是很高兴，不由地昂起了头。由于急于让大家看看，她在出饰物店门时与人撞了一下都没在意。

珍妮走进教室，迎面碰上了她的老师。"珍妮，你昂起头来真美！"老师爱抚地拍着她的肩膀说。那一天，她得到了许多人的赞美。她想一定是蝴蝶结的功劳，可当她往镜子前一照，头上根本就没有蝴蝶结，她感到很奇怪，她想一定是出饰物店门时与人相撞弄丢了。

自信原本就是一种美丽，很多人却因为缺乏信心而失去很多快乐。

点评分析：无论是贫穷还是富有，无论是貌若天仙还是相貌平平，只要你昂起头来，快乐就会使你变得可爱。自信是一个人对自身价值的认同。

每个人心目中都有一个理想的自我形象，这个形象可以是以他人为模板建立起来的，比如佩服、欣赏某个亲人、朋友、同事或某个明星，就有可能在该人的基础上，结合现实情况塑造出心中的"完美"的自我。当你感到实际生活中的你已经离心目中的你相差不远时，自信心也就随之产生了。自信是根据自身情况采取合适的应对策略，发挥出真实的水平，不因主观消极思想和作为而影响自己的情绪。自信是一种人人都喜欢的美丽。

✈ 案例2：为生命画一片树叶（有目标就有动力）

"只要心存相信，总有奇迹发生，希望虽然渺茫，但它永存人世。"

美国作家欧·亨利在他的小说《最后一片叶子》里讲了这样一个故事：病房里，一个生命垂危的病人从房间里看见窗外的一棵树，树上的叶子在秋风中一片片地掉落下来。病人望着眼前的萧萧落叶，身体也随之每况愈下，一天不如一天。她说："当树叶全部掉光时，我就要死了。"一位老画家得知后，用彩笔画了一片叶脉青翠的树叶挂在树枝上。

最后一片叶子始终没有掉下来。只因为生命中的这片绿叶，病人竟奇迹般活了下来。

温馨提示：人生可以没有很多东西，却唯独不能没有希望。通向未来之路不是一马平川的，今日的从容，是因为走出了曾经的困难甚至阴霾。"通往成功的这条道路是非常艰难的，是需要付出努力的。"别退出，熬过黑夜才会有日出；别放弃，成功就在下一步。希望是人类生活的一项重要的期待，有希望之处，生命就生生不息！

✈ 案例3：再试一次

船在大海上航行没有不带伤的。英国有一艘船1894年下水，在大西洋上曾138次遭遇冰山，116次触礁，13次起火，207次被风暴扭断桅杆，然而它从没有沉没过。

一名来自山西的学生，在北京就读航空服务专业。在第二学年，学校开始陆续为大二学生寻找面试就业的机会，该学生曾多次参加国内航空公司的面试，每次面试都进入复试阶段，但是最终还是与机会擦肩而过，榜上无名。面对一次次失败的打击，他内心非常纠结，是继续还是放弃？思想斗争十分激烈。难道真的与航空公司无缘吗？一天，该同学情绪非常低落地找到老师，把自己心里憋了许久的苦楚倒了出来，老师听后回答："通过只有一个理由——你合格了，没有通过一定有无数个原因。"该同学仔细琢磨老师的话，似乎明白了什么，于是重新调整心态，不气馁，不乱想，继续认真学习，争取每一次机会。在2014年春天，这位不懈追求的学生终于收到了厦门航空公司的录取通知。兴奋喜悦之余，他没有忘记栽培他的老师，为了报答培育之恩，在离开学校之前，他专程看望老师并表示感谢!

温馨提示： 无论什么时候都应牢记，活着不是卑怯地屈服命运，而是勇敢地征服命运；不管命运中有多少挫折，完全都能够用自己的辛劳培育出成功的花朵。

失败孕育着成功。如大家所熟悉的科学家爱迪生，在发明灯泡的过程中，经过了一万多次的失败，才取得成功，最终造福于人类。

温馨提示： 虽然屡遭挫折，却能够坚强地百折不挠地挺住，这就是成功的秘密。

案例4：优秀水平——服务意识

某乘务组执行由斯德哥尔摩—北京航班。在迎客时，乘务员发现一位小伙子拎着一个鼓鼓囊囊的塑料袋。职业直觉告诉该乘务员应该上前询问一下，于是她一边协助乘客安放行李，一边询问袋子里面装的是什么。原来塑料袋里装了一个黑色打足气的篮球。用手摸着那只硬硬的篮球，乘务员意识到飞机起飞后由于大气压的内外压差变化，这只充满气体的球随时都会发生爆炸，对乘客和飞行安全造成威胁。于是乘务员向乘客说明问题的严重性后，及时报告乘务长，并联系地面工作人员，希望把篮球放了气后再带上飞机。由于时间紧张，地面人员一时又找不到气针。然而，这个篮球是当地的一位朋友送给小伙子的礼物，十分珍贵，乘客实在不忍心就此扔掉。

为了保证航班的安全和正点，乘务员积极配合地面人员与乘客协商把球暂时留在斯德哥尔摩，请地面人员负责处理后，由下一个航班带回北京。得到地面人员的支持后，乘客也欣然同意了。当乘务员得知乘客的目的地城市是洛阳时，便将乘客联系方式记录下来，准备到北京后亲自帮助乘客领取篮球，再想办法早日送到乘客手中。

在当地办事处和下一个航班乘务组的协助下，篮球很顺利地被带回北京。乘务员迅速联系到乘客后，小伙子感动地说："真没有想到一个篮球牵动了航空公司那么多工作人员的心，从中也可以看出航空人员对安全何等的重视及为乘客服务的承诺。"

温馨提示： 强化服务意识是提高服务水平的关键。服务是一种态度，需要热情；服务是一种感觉，需要真诚。应该想一想能为乘客做些什么，知道他们满意什么。再想一想，还能为乘客做些什么，知道他们会为什么感动。抓住乘客的心才是根本，没有乘客一切都是空谈。

第二章
服务产品介绍

　　航空公司历来非常重视机上娱乐服务,在航班航路信息之外,航空公司为乘客配备了多种报纸杂志、中外电影、空中博览、音乐、娱乐游戏等多语种的节目,乘客可通过对手中的遥控板的操作,根据自己的喜好进行自主选择以满足个性化的需求。

第一节 娱乐服务

一、音视频节目

航空公司提供的音视频节目包括以下几个。

(1) 登机音乐。

(2) 安全须知。

(3) 航路信息（见图2-1）。

(4) 每日新闻。

(5) 综艺节目。

(6) 中外电影。

(7) 音乐视听。

(8) 娱乐游戏。

图2-1　航路信息

二、阅读刊物

航班上配备有以下几种报纸杂志。

1. 新闻政治类

例如：《人民日报》《参考消息》《环球时报》《中国新闻周刊》、Beijing Review(《北京周刊》)、China Daily（《中国日报》），U.S.A Today(《美国今日》)。

2. 休闲娱乐文摘类

例如：《精品购物指南》《星岛日报》《读者》《生命周刊》《消费指南》。

3. 专业财经类

例如：《中国经济周刊》《金融时报》《上海证券报》《中国体育报》《中国民航报》、Financial Times(《英国金融时报》)，如图 2-2 和图 2-3 所示。

图 2-2　头等舱的报纸杂志

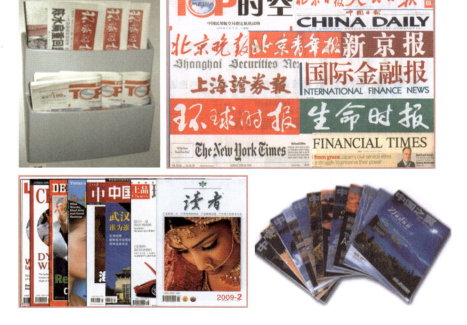

图 2-3　飞机上的阅读刊物

第二节 服务用品

航空公司为了提高机上服务质量、提升服务品质，定期更新和调整机上服务产品，除保障基本服务设施以外，还增加许多新的服务产品。例如：牙具包、拖鞋、眼罩、毛毯、枕头、玩具、婴儿摇篮、耳机、清洁袋、安全须知、服务叫醒卡、航空里程累积会员卡、国际航班免税品销售、小旅客 UM 卡等多项服务产品。

一、贴心服务用品

贴心服务用品如图 2-4～图 2-6 所示。

图 2-4　机上服务用品 (1)

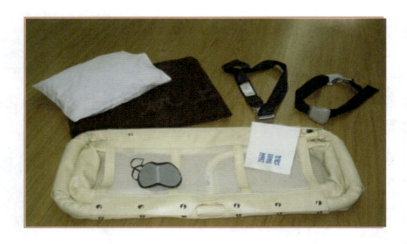

图 2-5　机上服务用品 (2)

图 2-6　机上服务用品(3)

二、儿童玩具

航空公司为不同年龄段(从 10 个月大小的婴儿至 12 岁以内)的儿童准备了各种玩具，如魔方、扑克牌、飞机模型、蜡笔、本、童书、插图等物品(如图 2-7 所示)，深受小乘客喜爱。

图 2-7　航空公司为小乘客配备的儿童玩具

三、航程累积会员卡服务产品

在全球航空市场竞争十分激烈的形势下，中国以国航、南航、东航三大航空集团为主体的国有航空企业，以勇于开拓市场的魄力和有效的管理能力，宏观调控，把握市场，频频出招，采取多种方法、多种渠的道营销手段。实行会员制，凡是持有航空公司会员卡的乘客，都可以享受到该航空公司的增值服务。

例如：可使用航程积分换取机票、换取升舱、优先登机、换取酒店入住等。

国航凤凰知音卡共分四种，分别是普卡、银卡、金卡和白金卡，如图2-8所示。

图 2-8　国航凤凰知音卡

持有国航凤凰会员知音卡的乘客即便乘坐与国航代号共享的航班，积分依然有效。国航凤凰会员卡申请表，如图2-9所示。

图 2-9　国航凤凰会员卡申请表

四、免税品销售

机上免税品销售是航空公司执行国际航线为出境乘客提供的一项特殊服务。凡是进入航空公司成为一名空中乘务员,都需要学习了解机上销售服务产品(见图2-10),掌握四种信用卡刷卡的规定,识别12种货币的能力,熟知各国海关规定。

图2-10 机上销售免税商品

五、飞机上允许使用的信用卡和货币

(一)信用卡

飞机上允许使用的信用卡有以下四种,如图2-11所示。

图2-11 国航机上允许使用的四种信用卡

(1) 美国运通卡。

(2) 日本信用局卡。

(3) VISA 卡。

(4) Master Card。

(二) 货币

飞机上允许使用的货币有以下几种。

(1) 中国——人民币。

(2) 美国——美元,其样式如图2-12所示(注：本节的外币图样均以某种面值来举例)。

图 2-12　美元

(3) 加拿大——加元,其样式如图2-13所示。

图 2-13　加元

(4) 欧洲联盟——欧元,其样式如图2-14所示。

图 2-14　欧元

(5) 英国——英镑，其样式如图 2-15 所示。

图 2-15　英镑

(6) 瑞士——瑞士法郎，其样式如图 2-16 所示。

图 2-16　瑞士法郎

(7) 瑞典——克朗，其样式如图 2-17 所示。

图 2-17　瑞典克朗

(8) 新加坡——新币，其样式如图 2-18 所示。

(9) 日本——日元，其样式如图 2-19 所示。

(10) 韩国——韩币，其样式如图 2-20 所示。

(11) 中国香港——港币，其样式如图 2-21 所示。

图 2-18　新币

图 2-19　日元

图 2-20　韩币

图 2-21　港币

(12)澳大利亚——澳元，其样式如图 2-22 所示。

图 2-22　澳元

六、UM 乘客服务

UM(Unaccompanied Minor，无成人陪伴儿童旅客)是航空公司为无成人陪伴乘客提供的一项特殊服务，是指某一位儿童从另一地至某一地独自完成一次旅行。根据《中国民用航空总局运输管理条例》的规定，"无成人陪伴儿童"是指年龄满 5 周岁但不满 12 周岁的儿童，航空公司承运人可以为其办理乘机手续。

为了小乘客的乘机安全，航空公司特意为其设计了 UM 卡挂在小乘客的胸前，如图 2-23 所示，提示所有工作人员须全程关注这位无成人陪伴的乘客，并为其提供特殊服务。有关如何提供无成人陪伴乘客的空中服务，在后面章节将进行详细介绍。

图 2-23　无成人陪伴乘客挂在胸前的卡片

七、"醒后服务卡"服务产品

"醒后服务卡"是航空公司倡导的人性化服务，是展现其细微服务的一种具体体现。由于经济舱乘客在飞机上休息经常会错过餐饮服务时间，为了体现其个性化"零"干扰服务，乘务员会在乘客休息座椅前面贴上"醒后服务卡"，如图 2-24 所示。乘务员一旦看到此卡，会随时关注并及时提供服务。

图 2-24　醒后服务卡

第三节　餐 饮 呈 现

根据航线的不同，乘客饮食的习惯、风俗习惯不同，航空公司会为乘客准备多套、多品种可供选择的食品和饮料，航空公司承诺并且有能力承担和满足各类不同乘客的需求。飞机上配置的食品通常每季度更换一次，遇有重大节日，航空公司还会在原有的基础上增配含有特殊意义的食品，如中秋节增配月饼、大年三十增配饺子等，让每位乘客充分体验航空公司的服务品质。国内经济舱配备的饮料和餐食分别如图 2-25 和图 2-26 所示。

图 2-25　国内经济舱配备的饮料

图 2-26 国内经济舱配备的餐食

练习题

1. 航空公司在飞机上为乘客提供哪些娱乐产品?
2. 航空公司对小乘客提供哪些特殊服务?
3. UM 卡是什么卡?它的作用是什么?
4. 航空公司使用"醒后服务卡"的意义是什么?

第三章
客舱服务技巧

　　客舱服务规范是航空公司提高服务质量的重要环节，只有牢牢掌握规范服务技能，提高服务人员素质，才能提升航空公司的品牌价值，为航空公司带来经济效益。通过对本章内容的学习与实践，可使大家掌握机上服务基本流程、特殊乘客服务的原则及特殊问题处理的方法。

　　实践课程以小组为单位进入模拟舱，通过实操训练，增强服务意识，提高团队合作精神，掌握服务规范动作是本章节的学习目标。

第一节　灯光的管理

客舱灯光照明分为顶灯、窗灯和入口灯，顶灯和窗灯又有不同挡位之分，为了满足乘客在旅途中更好地娱乐、休息以及安全的需求，乘务员应根据不同服务时间段，随时调整客舱灯光，如图 3-1 所示。

(1) 乘客上下飞机时，入口灯、顶灯、窗灯调至 Bright(较亮)挡。

(2) 飞机白天巡航时，客舱灯光调至 Medium(中等)挡。

(3) 夜间飞行时，客舱灯光调至 Night(夜间)挡。

(4) 供餐时，客舱灯光调至 Bright(较亮)挡。

(5) 飞机起飞、下降时，客舱、厨房灯光调至 Dim(较暗)挡。

(6) 乘客休息或读书时，主动为其关闭或打开阅读灯。

图 3-1　正确使用客舱灯光

练习题

1. 乘客上下飞机时，客舱灯光调至什么挡位？
2. 夜间飞行时，客舱灯光调至什么挡位？

第二节　客舱温度与登机音乐的服务

在空中飞行阶段，乘务员应随时关注机舱温度，为乘客创造非常舒适的环境和温度是乘务员的责任。为了调节乘客情绪、缓解乘客疲劳，为乘客创造轻松、愉快的乘机环境，乘务员要正确使用登机音乐。

一、客舱温度

波音 B737-800 客舱温度的调节是由驾驶舱掌控的，空客 A320 的温度调节是通过 L1 门乘务员总控制面板进行的。温度调节范围在 18℃～29℃，客舱温度感应器位于前客舱牛鼻板处。

在选择温度时需要考虑以下几个因素。

(1) 与乘客的人数多少有关，在满员的情况下，客舱温度通常选择 20℃～22℃，如果人员少于 50%，可提升 2℃，即 22℃～24℃。

(2) 日航和夜航飞行有区别，在满员的情况下，日航客舱温度通常为 20℃～22℃；夜航以 22℃～24℃为宜。

二、播放登机音乐、影视节目

播放登机音乐、影视节目应注意以下内容。

(1) 乘客上下飞机时打开登机音乐。

(2) 掌控音量，以不影响两个人交谈为宜。

(3) 短程航线不播放电影，可选择空中博览、娱乐片等综艺节目。

练习题

1. 白天和夜间飞行，客舱温度通常分别调至多少度为宜？
2. 调节客舱登机音乐音量的大小，标准是什么？

第三节　门帘的操作

每个区域与区域之间、厨房与客舱之间安装门帘，起到分隔舱位等级，保持头等舱安静，厨房工作期间避开乘客视线的作用。

(1) 飞机起飞、下降、滑行时，将门帘收起、扣好。

(2) 紧急撤离时将门帘收起、扣好。

(3) 门帘的操作要求如下。

打开：侧向面对门帘成 45°，双手轻轻地展开，如图 3-2(a) 所示。

收起：侧向面对门帘成 45°，双手优雅地收起扣好，如图 3-2(b) 所示。

(a) 展开门帘

(b) 收起、扣好门帘

图 3-2　门帘的操作

练习题

飞机上的门帘，什么时间需要展开？什么时间应该收起、扣好？

第四节 书报杂志的提供

为了丰富机上娱乐服务,满足各类不同乘客的需求,航空公司为乘客准备了大量、多种文字的报纸杂志。无论采取什么样的提供方法,都要求各类报纸报头露出、标题朝上、摆放整齐,如图3-3所示。

图3-3 报纸杂志的不同摆放方法

下面介绍几种飞机上书报杂志提供的方法。

(1) 折叠车:分类整理,放置在折叠车上,推到廊桥处,便于旅客登机时自选。

(2) 报架:分类折叠,美观整齐,摆放在书报架上。

(3) 乘务员提供:报纸同类合并,依次摆成扇形,由乘务员送出;杂志依次展开,由乘务员直接送出。

一、报纸杂志的拿法

乘务员为乘客提供报纸杂志的拿法如图3-4所示。

(1) 左手四指并拢掌心朝上托住报纸底部。

(2) 拇指在里侧。

(3) 右手四指并拢，手心朝上。

(4) 大拇指扶在报纸、杂志的左上角。

图 3-4　乘务员提供报纸的拿法

二、提供报纸的操作方法

乘务员为乘客提供报纸的操作方法如图 3-5 所示。

图 3-5　乘务员提供报纸的操作方法

(1) 相同的报纸摆放在一起，扇形展开。

(2) 右手拇指和食指捏住报纸的左上角。

(3) 沿边缘滑至右上角，刊头在上，递给乘客，最外面的报纸直接拿，右手掌心朝外。

(4) 大拇指压在报纸的外侧，其余四指放在报纸的内侧。

三、提供杂志的操作方法

乘务员为乘客提供杂志的操作方法如图 3-6 所示。

(1) 左手四指并拢，掌心朝上托住杂志底部。

(2) 拇指在里侧。

(3) 右手四指并拢，手心朝上。

(4) 杂志依次展开成扇形，直接抽取。

图 3-6　乘务员提供杂志的操作方法

四、提供时的要点

(1) 侧向面对旅客成 45°站立，面带微笑，目光柔和，身体略微前倾。

(2) 提供顺序是：从前往后，先左后右，先里后外，先女后男。

(3) 做好延伸服务，帮助乘客打开阅读灯。

(4) 熟悉所配刊物的名称，杂志和报纸不要混拿。

(5) 语言训练："女士／先生，今天为您准备的报纸，有《人民日报》《环球时报》《北京青年报》。请问您需要哪一种？""我帮您打开阅读灯好吗？"

练习题

1. 简述手拿报纸的方法。
2. 简述提供杂志的操作方法。

第五节　服务操作规范

服务规范：端、拿、倒、送，收和放，推和拉，水车摆放。

规范的端、拿、倒、送是对航空公司机上服务人员服务技能最基本的要求，作为一名合格的空中乘务员，在完成此项工作时应做到动作精准、技能娴熟、递拿规范、仪态优雅。

一、端

端的操作方法如图 3-7 所示。

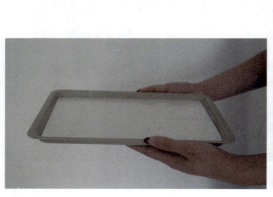 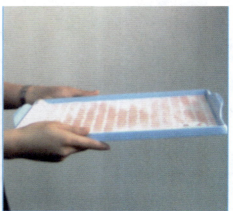

图 3-7　端托盘

(1) 托盘竖着端。
(2) 拇指扶在盘子的外沿，四指并拢托住盘子的下部。
(3) 手拿在盘子后 1/3 处。
(4) 端盘高度位于腰部，不宜高于乘客的肩膀。
(5) 端大托盘在客舱内转身时，盘子不转，身子转。

二、拿

拿的操作方法如图 3-8 ～图 3-10 所示。

(1) 从水车上拿取杯子的下部 1/3 处。

(2) 手持空托盘进入客舱时面朝里，托盘放在身体一侧。

图 3-8　拿杯子的方法

图 3-9　拿空托盘

图 3-10　拿果汁

(3) 手拿热水壶应借助小毛巾，保护自己，壶嘴应朝向过道。

(4) 拿饮料瓶（盒）时应拿饮料瓶（盒）的下半部。

三、倒

倒热饮、加热饮、开气体饮料、倒果汁的方法如图 3-11 和图 3-12 所示。

(1) 倒饮料时应倒至杯子的七成处。

(2) 倒带有气体的饮料或酒时，应借助小毛巾打开，沿着杯子边缘倾斜倒至杯中，以防止泡沫溢出。

图 3-11　倒饮料的方法 (1)

图 3-12　倒饮料的方法 (2)

(3) 小乘客的饮料应先倒至杯子的五成处，然后交于监护人手中。

(4) 倒热饮时应借助小毛巾，以免烫伤。

四、送

送礼品、用饮料车送水、送餐、用大托盘送水的操作分别如图 3-13～图 3-15 所示。

客舱服务技巧　第三章

图 3-13　送礼品、送水

图 3-14　送餐盘

图 3-15　送水

(1) 送礼品时，要求航徽正面朝向乘客。

(2) 送饮料、送餐盘时，应沿着桌面送给乘客，切勿从头顶上方传送。

(3) 从餐车内抽取餐盘，应从下往上依次抽取送出。

(4) 送餐应先调整杯把与乘客右手成 45°，热食面向乘客后送出。

(5) 乘务员提供服务时要求身体面对乘客保持 45°，双脚并拢，立正站好，身体略微前倾，面带微笑，托盘始终保留在通道。

(6) 送出顺序为：从前至后，先里后外，先左后右，先女后男。

五、收和放

收和放的操作方法如图 3-16 所示。

(1) 轻、稳、准是放置物品时的基本标准和要求。

(2) 收取物品时应随身携带小毛巾，随时帮助乘客清理桌面。

(3) 收回餐盘插入餐车，应从餐车的上部开始逐层向下插进。

(4) 使用托盘收脏杯子时，为了防止颠簸，应从身体的内侧逐个向外摆放。

(5) 空杯子摆放在托盘上，最多不可超过五个摆在一起。

图 3-16　放杯子、收杯子

六、推和拉

推和拉餐车的操作方法如图 3-17 所示。

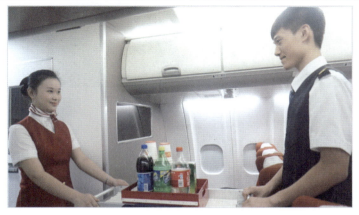

图 3-17　推、拉餐车

(1) 拉餐车时，双手抓住餐车的手柄。

(2) 推餐车时，双手扶住餐车的两侧。

(3) 在客舱提供服务时，注意随时使用刹车板，防止车辆失控造成伤害。

七、水车摆放

水车摆放的方法如图 3-18 所示。

（一）准备水车

(1) 要有水车布，两块小毛巾。

(2) 饮料抽屉放于水车的中部，为了安全起见，饮料抽屉应放入防滑布或防滑垫纸。

(3) 为了安全，热饮咖啡壶、茶壶放于车内。

(4) 冰块、冰勺应放入冰桶。

(5) 备用饮料及其他物品放入水车内。

(6) 水车准备完毕后应及时关闭水车门。

(7) 软包装果汁放在一侧，商标朝外。

(8) 饮料杯高度不可超过矿泉水瓶的高度。

(9) 小桶饮料应放在水车内。

图 3-18　水车的摆放

（二）乘务员相互传递热茶壶的方法

在客舱，乘务员相互传递热茶壶的方法如图 3-19 所示。

(1) 手拿小毛巾，起到自我保护的作用。

(2) 在水车上方传递。

(3) 一定要送得稳、接得准。

图 3-19　乘务员相互传递热茶壶

练习题

1. 端大托盘在客舱转身，有什么要求？
2. 拿取杯子时，应拿杯子的什么位置？

3. 手持空托盘进入客舱，应如何拿取？
4. 为乘客提供饮料时，应拿取饮料的什么位置？
5. 为成人及小旅客倒饮料时分别倒几成？
6. 如何从餐车内依次抽取餐盘？如何送出？
7. 面对乘客服务时，乘务员的仪态应是怎样的？
8. 为同一排乘客提供服务时，其顺序是什么？
9. 在客舱内推拉餐车时，应注意使用什么？

第四章
饮料服务规范

　　民航总局根据国际航线和国内航线、干线和支线的不同,制定了相应的服务标准和供应品配备标准。因此航空公司按照民航总局的要求,在管理中不断提高和改善服务质量,更新服务产品,以满足乘客的不同需求。

第一节 饮品种类

国内经济舱配备的标准为四种以上冷饮及两种以上的热饮,如图 4-1 所示。

图 4-1 飞机上提供的冷、热饮

一、软饮料

航空公司提供的软饮料有橙汁、菠萝汁、苹果汁、桃汁、猕猴桃汁、番茄汁、可乐、雪碧、矿泉水、椰汁等。

二、酒类

航空公司提供的酒类:国内经济舱酒类——啤酒;国际经济舱酒类——啤酒,红/白葡萄酒、梅子酒、青酒(日本地区航线提供)等。

三、热饮

航空公司提供的热饮为咖啡和茶类。

第二节 提 供 规 范

用一流的服务水准、规范的服务，赢得主流社会的认同，做一个有价值的、竞争力强的航空公司，是许多航空公司对外界的承诺。因此苦练内功，强化规范服务，提高服务技能，是提升航空公司整体服务水平的基本保证。

一、果汁的提供规范

(1) 开启之前在身体前方轻轻均匀摇晃，防止有沉淀。

(2) 提供前应询问乘客是否加冰，倒至杯子七成处。

(3) 打开过的果汁不宜存放时间过长，防止变质。

(4) 果汁当中橙汁深受乘客喜爱，因而用量较大。

(5) 番茄汁因含盐量较高，不宜提供给心、肾功能不全的乘客。

(6) 苹果汁因口感较甜而成为小旅客最喜爱的饮品。

为小乘客倒饮料，倒至杯子1/2处。

飞机上提供的果汁如图4-2所示。

图 4-2 飞机上提供的果汁

二、气体饮料的提供规范

(1) 严禁打开碰撞或掉落过的气体饮料，防止喷洒在乘客衣物上。

(2) 开启前需借助小毛巾，防止冒出的液体外溢。

(3) 倒入杯子时要倾斜45°，安全倒入。

(4) 不要过早打开，避免口感受到影响。

(5) 对于婴幼儿、神经衰弱者不主动提供可乐。

(6) Diet Coke 和 Diet 7up 适合肥胖者和糖尿病人饮用。

飞机上提供的气体饮料如图 4-3 所示。

图 4-3　飞机上提供的气体饮料

三、矿泉水的提供规范

(1) 矿泉水一般分为有气和无气两种，经济舱提供的多为无气矿泉水。

(2) 冰镇的矿泉水口感较佳，如乘客无要求不主动加冰。

(3) 韩国人通常习惯在饭后喝半杯矿泉水，以清理口腔。

飞机上提供的矿泉水如图 4-4 所示。

图 4-4　飞机上提供的矿泉水

四、啤酒的提供规范

(1) 啤酒应冷藏后再提供。

(2) 啤酒可作为饮料全程提供。

(3) 开启时应借助小毛巾。

(4) 倒酒时应将杯子倾斜 45°，酒液沿着杯壁倒入杯中至啤酒花齐杯口。

(5) 倒入杯中后应连同啤酒听一起送给乘客。

五、茶水的提供规范

(1) 飞机上配置的茶叶包是航空公司根据机上茶壶的大小而特制的茶叶包。

(2) 一包茶叶放入茶壶内注入开水至七成，泡 3～4 分钟后取出茶包。

(3) 冲泡次数不宜过多，以 2～3 次为宜。

(4) 随时关注茶水的浓度和温度，不得将不合格的茶水端进客舱。

制作茶水的方法如图 4-5 所示。

图 4-5　制作茶水的方法

六、咖啡的饮用方式及提供规范

（一）咖啡的饮用方式

(1) 黑咖啡（直接喝，不加任何配料）。

(2) 咖啡＋糖。

(3) 咖啡＋咖啡伴侣。

(4) 咖啡＋糖＋咖啡伴侣。

(5) 咖啡＋冰。

（二）咖啡的提供规范

飞机上配置的咖啡为速溶咖啡。

(1) 一包一壶，不加任何配料。

(2) 当乘客提出需要糖和咖啡伴侣时，乘务员另外提供糖包和奶包，并同时提供搅拌棍。

(3) 咖啡的温度、浓度要适宜。

制作咖啡的方法如图 4-6 所示。

图 4-6　制作咖啡的方法

练习题

1. 开启果汁之前应注意哪些事项？
2. 哪种饮料是小旅客的最佳选择？
3. Diet Coke 和 Diet 7up 适合什么样的乘客饮用？
4. 开启气体饮料应借助于什么？
5. 简述提供啤酒的最佳温度、倒入方法、提供方法。
6. 简述咖啡共有几种饮用方式。

第五章
餐食服务规范

　　根据不同的航线、不同地域、不同飞行时间，航空公司为乘客准备了丰富的佳肴，以满足各类乘客的需求。而且航空公司通过深入调查，广泛听取社会意见，随时调整、更换、增配乘客喜爱的、时令的食品。考虑到乘客的需求，每隔一个季度航空公司便更新一次餐食，如遇到重大节日，航空公司还会增配带有节日气氛的食品，以表示对乘客的尊重与答谢。

第一节 餐食种类

根据多年来对飞机上配餐种类的总结，航空公司大致有以下几种配餐形式：早餐、正餐、点心餐、热便餐、小吃，如图 5-1 所示。

图 5-1　飞机上提供的食品

一、餐盘形式分类

飞机上的餐盘形式分类如图 5-2 所示。

图 5-2　早餐、正餐、冷正餐

(1) 早餐。

(2) 正餐。

(3) 冷正餐。

二、其他类

(1) 盒正餐。

(2) 盒早餐。

(3) 盒点。

(4) 快餐。

(5) 花生米。

三、食品名称介绍

飞机上的正餐食品名称如图 5-3 所示。

图 5-3　正餐食品名称

（一）正餐食品名称

(1) 甜品 (Dessert)。

(2) 面包 (Roll)。

(3) 黄油 (Butter)。

(4) 冷荤 (Appetizer)。

(5) 水、杯子 (Water、Cup)。

(6) 刀叉包、纸巾 (Dinner Set)。

(7) 主菜 (Hot Entree)。

- 香菇鸡肉狮子头，口味：咸鲜。
- 红烩牛肉，口味：咸酸。

不同种类的热食，通常用不同颜色的外包装进行区分，如图 5-4 所示。

注意：
- 民航局规定国内航线正餐配有两种热食以供选择，并定期更换。
- 属地出港航班均备份素食。
- 乘务员提供时需介绍菜名、口味。

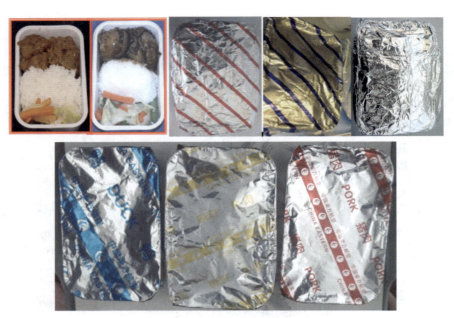

图 5-4 使用不同颜色的外包装区分餐食种类

（二）西式早餐名称

西式早餐名称如图 5-5 所示。

(1) 甜品 (Dessert)。

(2) 牛角包 (Croissant)。

(3) 黄油 / 果酱 (Butter/Jam)。

(4) 热饮杯 (Cup)。

(5) 主菜 (Hot Entree)。

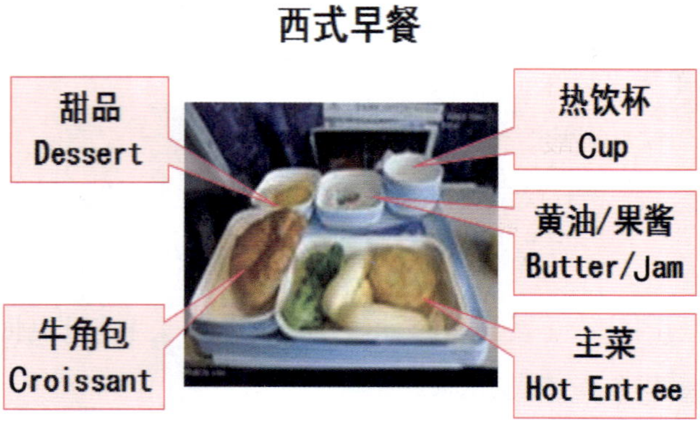

图 5-5 西式早餐名称

（三）中式早餐名称

中式早餐名称如图 5-6 所示。

(1) 甜品 (Dessert)。

(2) 面包 (Roll)。

(3) 咸菜 (Pickles)。

(4) 三明治 (Sandwich)。

(5) 粥 (Porridge)。

图 5-6 中式早餐名称

注意：

- 早餐配有中、西两种冷盘和热食可供选择，并定期更换。
- 属地出港航班均备份素食。
- 乘务员提供时需介绍具体菜名、口味。

（四）点心介绍

点心主要有盘装点心、盒装点心，如图 5-7 所示。

图 5-7 点心

（五）快餐介绍

快餐主要有烧饼、三明治、汉堡，如图5-8所示。北京出港备份两份素食，与饮料、纸巾同时提供。

图5-8　烧饼、三明治、汉堡

1. 正餐中 Hot Entree、Dessert 分别表示什么意思？
2. 西式早餐和中式早餐在主菜上最大的区别是什么？

第二节　特殊餐食介绍

为了符合乘客的宗教信仰、医疗饮食规定以及儿童特殊的需求，航空公司提供了18种特殊餐食（可简称特餐）以供选择，乘客只需要在订购机票时，或飞机起飞前24小时提出申请，就可以在飞机上免费食用自己选择的餐品。特殊餐食如图5-9所示。

图5-9　特殊餐食

一、18种特殊餐食的名称

（一）不同宗教信仰的餐食

1. 宗教餐

(1) 印度教徒餐：Hindu Meal、Hindustan Meal。

(2) 穆斯林餐：Muslim Meal。

(3) 犹太教徒餐：Kosher Meal。

2. 素食

(1) 印度素食：AVML。

严格印度素食：IVML。

(2) 西方素食：VLML。

严格西式素食无牛奶制品：Strict Western Vegetarian Meal。

(3) 东方素食：ORVG Meal。

3. 特殊需求

(1) 儿童餐：Children Meal，CHML。

(2) 婴儿餐：Baby Meal，BBML。

(3) 海鲜餐：Seafood Meal，SFML。

(4) 高纤维餐：High Fiber Meal，HFML。

（二）医疗健康餐

医疗健康餐如图 5-10 所示。

图 5-10　医疗健康餐

(1) 糖尿病餐：Meal for Diabetics，DBML。

(2) 胃溃疡餐：Bland/Soft Meal，BLML。

(3) 无谷蛋白餐：Gluten Free Meal，GFML（无麸质餐）。

(4) 低脂肪餐：Low Fat Meal，LFML（低胆固醇餐）。

(5) 低盐餐：Low Sodium Meal，LSML。

(6) 低热量餐：Low Calorie Meal，LCML（低卡路里餐）。

(7) 低蛋白餐：Low Protein Meal，LPML。

(8) 无乳糖餐：No Lactose Meal，NLML。

二、特殊餐食的四字代码

飞机上配备特殊餐食通常是以四个英文字母来表示。例如：特餐全称Special Meal，缩写为SPML。希望未来从事航空专业的学生，记住以下18种特餐的英文四字代码，便于入职后更好地运用。

(1) SPML：特餐。

(2) HNML：印度餐。

(3) MOML：穆斯林餐。

(4) KSML：犹太教餐。

(5) AVML：印度素食。

(6) VGML：素食。

(7) CHML：儿童餐。

(8) BBML：婴儿餐。

(9) SFML：海鲜餐。

(10) HFML：高纤维餐。

(11) DBML：糖尿病餐。

(12) BLML：胃溃疡餐。

(13) GFML：无麸质餐。

(14) LFML：低脂肪餐。

(15) LSML：低盐餐。

(16) LCML：低热量餐。

(17) LPML：低蛋白餐。

(18) NLML：无乳糖餐。

练习题

1. 航空食品公司可以提供多少种特餐？宗教特餐的三种名称是什么？
2. VGMeal、Hindu Meal 代表什么特餐？
3. BBML、KSML 代表什么特餐？

第三节 提 供 规 范

在提供特餐时乘务员必须严格遵守食用特餐乘客的饮食习惯，不能违背乘客的宗教信仰及健康状况的要求，更不能说出忌讳语言，不能送错餐食，应做到精细、准确、周到地为特殊乘客服务。

一、印度教餐

印度教徒的餐食不含牛肉，主要是经过蒸煮的鸡肉、鱼类、羊肉、蔬菜以及米饭和水果，如图 5-11 所示。乘务员提供服务时不能使用左手。

图 5-11 印度教餐

二、穆斯林餐

穆斯林餐是专门为伊斯兰教徒准备的餐食。伊斯兰教徒常以鸡肉、米饭、蔬菜和鱼类为餐食，烹调过程中不使用酒精。服务时严禁提供带有酒精的饮料。

三、犹太教餐

(1) 犹太教餐是专门为犹太正教信徒准备的餐食。按照犹太教的规定，烹饪必须在祈祷后完成。

(2) 犹太教徒认为其他人触摸过的餐具即使已经洗干净，也忌讳，因此餐具一定要在密封完好的状态下提供给乘客。

(3) 犹太教徒的餐食只在国际航班上提供，需在航班起飞前 72 小时之内向售票处提出申请。乘务员提供用餐服务时严禁打开外包装。

图 5-12 所示为犹太教餐。

图 5-12　犹太教餐

四、印度素食

1. 不严格 (AVML)

不严格的印度素食为印度风味辛辣素食，不含肉、海鲜，含有限的奶制品。

2. 严格 (IVML)

严格的印度素食不含肉、海鲜、鸡蛋、奶制品或根茎蔬菜，如生姜、大蒜、洋葱、马铃薯。

图 5-13 所示为印度素食。

图 5-13　印度素食

五、西方素食

西方素食是指为西方国家的素食主义者提供的餐食，使用西式烹调，不含各种肉类。

(1) 不严格西方素食（VLML）：也称蛋奶素食，含乳制品。

(2) 严格西方素食（VGML）：不含乳制品。

图 5-14 所示为西方素食。

图 5-14　西方素食

六、东方素食

东方素食是指按中国风味准备和烹饪，不含有肉、鱼、奶等动物或动物制品，或任何生长在地下的根茎类蔬菜。图 5-15 所示为东方素食。

图 5-15　东方素食

七、儿童餐

儿童餐是指适合 2～7 岁的儿童，比成人分量少，易咀嚼、易消化并对孩子有吸引力的食品。图 5-16 所示为儿童餐。

图 5-16　儿童餐

八、婴儿餐

婴儿餐适合 10 个月以上、2 岁以下的婴幼儿食用，这时的孩子仍不能吃固体食品，可提供蔬菜泥、肉糜、鱼糜、小儿甜点和水果汁等。图 5-17 所示为婴儿餐。

图 5-17　婴儿餐

九、注意事项

1. 申请

乘客预订特殊餐食至少应该在飞机起飞前 24 小时提出申请，其中犹太餐预订时间至少应该在飞机起飞前 72 小时提出申请。

2. 清点及报告

厨房乘务员查收申请后须向乘务长报告。

3. 确认方式

乘务员收到特殊餐单后，应及时与乘客确认。

4. 提供方式

(1) 特殊餐食须优先于普通餐食发送。

(2) 穆斯林餐忌猪肉、无鳞鱼、酒精。提供服务时不介绍酒、不说猪肉等词。

(3) 印度教餐忌牛肉、左手。提供服务时，不要用左手。

5. 特殊餐食的存储

一部餐车一层 4 份，一车可放冷盘 68 份，每个烤炉可放热食 28 份。特殊餐食冷盘和热食一般放置在餐车及烤炉架的顶层，并标有特殊餐食的符号。

练习题

1. 提供印度餐应注意什么？
2. 提供穆斯林餐应注意什么？
3. 犹太教餐的特点是什么？提供时应注意什么？
4. CHML 用于什么年龄段的儿童？其餐食特点是什么？
5. 航空公司规定，乘客在起飞前多少小时可提出申请特餐？

第四节　餐食烘烤的标准

飞机上所提供的食品，是航空食品公司提前 24 小时制作完成，第二天为所有出港航班配送的。乘务员的任务是利用飞机上的烤箱将冷藏食品加温烘烤，递送给乘客。因此正确使用烤箱的温度和时间，是烤好餐食的重要环节，既不能烤干又不能烤糊，是每位乘务员应掌握的基本技巧。下面我们将用表格的形式展示各类食品烘烤的时间和温度，供大家学习和掌握，如表 5-1 所示。烘烤后热食要插入餐车，如图 5-18 所示。

表 5-1 烘烤时间和温度对应表

项目	温度 /℃	时间 / 分钟
面包、素菜	150 ～ 175(或高温)	7 ～ 10
肉类、海鲜类正餐	175 ～ 200(或高温)	15 ～ 20
早餐、点心	150 ～ 200(或高温)	10 ～ 15

注意：要随时根据餐食冷冻的情况调节烘烤的时间和温度。

图 5-18 烘烤后的热食插入餐车

练习题

1. 烘烤正餐，应设置多少温度和时间？
2. 烘烤早餐，应设置多少温度和时间？

第六章
特殊乘客的服务

  特殊乘客是指在民用航空运输对象中，不同于一般乘客群体，需要给予特别礼遇和关照的乘客；或出于乘客的健康及其他特别状况需要给予特殊照顾、特别关注的乘客；或在一定条件下才能运输的乘客。

  特殊乘客包括老、幼、弱、病、残、孕、晕机、患病的乘客，以及限制性乘客等其他需要提供特殊帮助的旅客。通过对本章内容的学习，可掌握为特殊乘客服务的基本知识和技能；能够为特殊乘客提供适时、周到、恰当的服务。

第一节　对老年人的服务

作为乘务员，为老人服务时要掌握的沟通的要点是："尊重、安慰、关心、体贴。"在乘机过程中，老年乘客最关心的就是飞行安全；其次，他们害怕飞机起降时带来的不适应感。乘务员应提前向他们介绍飞机旅行常识，在关键时刻提前告诉他们注意事项，并尽可能守护在他们身边，以消除他们的恐惧心理。

老年人一般记忆力都不好，容易忘记事情，乘务员在迎客过程中要关注老年人行李物品的安放问题，他们不希望行李离开他们的视线，一定要告诉其具体位置，避免老人担心牵挂；在送客时要提醒老人带好自己随身携带的物品。

尽管老人嘴上说不需要别人的帮助，但他们内心还是需要别人关心的，乘务员应尽自己所能满足他们的心理需要，尽量消除他们的孤独感，如图6-1所示。

图6-1　为老年人服务

一、登机阶段的服务

（1）尊重老人自尊心的需求，适时搀扶老年人上下飞机。需要搀扶时，让老人抓住乘务员的臂膀，以增强他们的安全感。

（2）主动帮助老年人提拿、安放随身携带的物品及拐杖。老年人使用的手杖应由乘务员妥善保管。

（3）禁止安排老年人坐在紧急出口处，同一排不可安排两名需要帮助的老年人。

（4）主动介绍客舱设备的使用方法，如呼唤铃、清洁袋、洗手间、遮光板。

（5）指导老年人系好安全带和解开安全带的方法。

（6）主动提供毛毯、枕头，帮助老年人盖好腿部。

二、巡航阶段的服务

（一）巡航服务

（1）主动介绍飞行时间、距离、高度、飞机设备、洗手间的位置以及飞机现在的状态。

（2）主动看望、嘘寒问暖，与他们交流，满足老人的需求。

（3）老人眼睛多病，易干燥、酸痛，可适时提供温热毛巾擦拭或热敷。

（4）主动搀扶护送老人进/出卫生间；将门打开，铺好马桶垫纸，介绍马桶冲水按钮的位置和使用方法。

（5）下降前，提前告诉老人预防压耳，防止飞机降落带来的不适感。

（6）主动询问是否需要轮椅服务，需要时报告机长与地面联系。

（二）餐饮服务

（1）为老年人提供饮料时，应适当提高音量，语速要慢，语言简练、柔和。

（2）耐心介绍冷饮、热饮的品种。

（3）主动介绍易消化、清淡、易嚼柔软的食品，热的饭菜。

（4）视情况为老人打开餐具，送到老人的手中。

三、下机阶段的服务

（1）到达时应将保管的拐杖、行李等物品及时交还给老人，并提醒老人带好随身携带的物品。

（2）搀扶老人下机并与地面服务人员交接。

知识拓展

心理特点

人到老年，体力、精力开始衰退，生理的变化带来心理上的变化。一般老年人在乘机过程中有以下特点：思维迟缓，记忆减退，对事物反应缓慢，应变能力较差。思维能力的衰弱，使他们常常说话不连贯甚至语无伦次。但老年人情绪一般比较稳定，不宜过分欢喜和发愁，一般喜欢安静，在性格上有的深沉孤僻，有的开朗健谈。体弱的乘客既有较强的自尊心，又有很深的自卑感，由于自己身体的原因自感不如他人，暗暗伤心，同时在外表上又表现得不愿求别人帮助自己，样样事情都要尽自己最大的努力去做。

1. 简述特殊旅客的定义。
2. 乘务员如何安置老人携带的拐杖？
3. 简述老人乘坐飞机的心理特点。

第二节 无成人陪伴儿童的服务及注意事项

无成人陪伴儿童，是指年龄满 5 岁但不满 12 周岁，没有成人带领，单独乘坐飞机的儿童。凡在这个年龄段内单独进行航空旅行的儿童，必须向航空公司申请无成人陪伴儿童服务，英文简称 UM(Unaccom Panied Minor)。

无成人陪伴儿童如何办理购票和乘机手续呢？

无成人陪伴儿童必须由儿童的父母或监护人陪送到上机地点并在儿童的下机地点安排人员迎接。办理无成人陪伴手续时，应有儿童父母或监护人填写"无成人陪伴儿童申请书"，内容包括：儿童姓名、年龄、始发地、目的地、航班号、日期、送站人和接站人姓名、电话、地址等。航空公司售票处接受申请并核实无误后，将填写客票信息并向到达站传递无成人陪伴儿童相关乘机信息内容。航空公司售票处将有关电子报告和申请单交给旅客并约定在机场的交接地点和方式。儿童的父母或监护人按照约定的时间，至少在起飞前 60 分钟把儿童送到机场并交给指定的航空公司服务人员，并亲自交给机上指定的乘务员。

在国内航线上，无成人陪伴儿童一般按适用成人票价全价的 50% 购买儿童票；在国际航班上，各航空公司对票价有其具体的规定。以中国国际航空公司为例，在国际和香港航线上的运输,对于满5周岁未满8周岁的无成人陪伴儿童乘坐国航航班旅行,按适用成人票价的全票价收费。

有些航空公司对每一个航班上接收的无成人陪伴儿童在数目上有限制,如有些航班上仅限接收两名无成人陪伴儿童,有些航班上仅接收5名无成人陪伴儿童。图6-2所示为无成人陪伴儿童。

图6-2　无成人陪伴儿童

一、无成人陪伴儿童的服务

(一)登机阶段的服务

(1) 登机前,乘务长应与地面值机人员交接。

(2) 核对小旅客的相关信息和资料(无成人陪伴儿童申请书、交接单、声明、客票、户口本、护照等)。

(3) 了解接送小旅客人员的姓名、地址及电话号码,了解小旅客的身体情况、生活习惯、日常爱好、特殊要求、所携带的物品及托运行李。

(4) 帮助小旅客妥善安放好随身携带的物品,指定一名乘务员在飞行中负责照顾该小旅客。

(5) 不要安排小旅客坐在紧急出口处,最好靠近乘务员以便于照顾。

(6) 主动介绍服务设施,如呼唤铃、阅读灯、洗手间的位置,指导小旅客系好安全带和解开的方法。

(7) 根据机上条件提供适合的玩具和读物。

（二）巡航阶段的服务

(1) 乘务员随时询问儿童的冷暖情况，为其增减衣物。

(2) 尽量尊重儿童的用餐习惯，不要提供过满、过热、过凉的食品；必要时可以帮助分餐。

(3) 注意机上安全，严防儿童乱动机上紧急设施。

(4) 颠簸、下降时不可让其四处跑动。

(5) 乘坐国际航线时帮助小旅客填写入境卡、海关申报单等资料。

(6) 飞机下降时，唤醒睡着的小旅客，以防压耳。

(7) 填写好"无成人陪伴儿童空中生活记录单"。

（三）落地后的服务

(1) 乘务员做好与地面人员的交接工作，同时请地面服务人员签字，并保存其中的一联。

(2) 没有服务人员陪同，不可以让儿童独自下飞机。

二、注意事项

(1) 无成人陪伴儿童的家长，当日提前两个半小时携带机票到值班柜台联系，办理相关手续，建立"无成人陪伴儿童文件袋"。

(2) 航空公司的人员将代孩子办理乘机手续，地面服务员必须在无成人陪伴儿童外衣上戴上统一标志，并负责把孩子送上飞机交给机组人员。

(3) 到达目的地后，地面服务人员根据预先得到的通知与乘务员交接，替儿童办好必要的手续并负责把孩子安全地交给家长。

(4) 无成人陪伴儿童标志牌将自始至终佩戴在无成人陪伴儿童身上。到站后乘务员将"无成人陪伴儿童文件袋"转交给目的地地面服务人员。

练习题

1. 无成人陪伴儿童的定义是什么？其英文简称是什么？
2. 无成人陪伴儿童，登机前需要备齐哪些资料？
3. 航班中为什么需要填写"无成人陪伴儿童空中生活记录单"？

第三节　对婴儿的服务

《航空法》规定，出生14天至2岁以内的小旅客，乘坐飞机时必须有成人陪伴。出生不足14天的婴儿和出生不足90天的早产婴儿，一般不予承运。每位成年人只能怀抱一名婴儿。婴儿旅客的票价是成人票价的10%。图6-3所示为婴儿服务示意图。

图6-3　婴儿服务示意图

一、登机阶段的服务

(1) 乘务员原则上不替监护人抱孩子，如果监护人要求或遇有特殊情况需要抱婴儿时，一定要采取正确的抱姿，专心抱好，直至交给监护人。乘务员应主动为乘客提拿并妥善安排好随身携带的物品，以便于使用，帮助乘客把婴儿折叠车收好存放在衣帽间。

(2) 安排就座时，注意不可以安排在紧急出口的座位，若有可能最好安排在可以安放摇篮的座位。入座后帮助大人系好安全带，将大人身上的安全带和婴儿的安全带扣在一起，告诉监护人抱好孩子。

(3) 提醒监护人，婴儿的头不要朝向过道一侧，以免行人碰伤孩子，并主动送上毛毯和枕头垫在监护人的胳膊上，使其在旅途中更为舒适。

(4) 主动向监护人介绍客舱设备呼叫铃、卫生间婴儿板的使用方法。

二、巡航阶段的服务

(1) 乘务员主动协助大人挂好摇篮，垫上毛毯、小枕头，为婴儿系好安全带。注意：提供婴儿摇篮服务所限制的体重不得超过11千克或24磅，如图6-4所示。

(2) 帮助婴儿的父母冲泡奶粉。

① 将奶瓶、奶嘴洗净消毒。

② 奶粉用量要准确（或根据监护人的要求）。

③ 将奶粉放入奶瓶内，先用凉开水调匀或调成糊状，再加入开水，均匀摇晃后，倒在手背上 1～2 滴检查温度，以不感到烫手为宜。

图 6-4　婴儿摇篮

④ 用餐巾或纸巾包好奶瓶，送到监护人手中。

⑤ 如果乘客已预订婴儿餐，要主动向乘客介绍。

三、下降—下机阶段的服务

(1) 为了避免压耳的不适，唤醒睡觉的婴儿。

(2) 飞机开始下降，需要收起婴儿摇篮。

(3) 提醒监护人，飞机落地时将婴儿面部朝里，以免碰伤。

(4) 协助旅客系好安全带和婴儿的安全带。

(5) 帮助旅客整理随身携带的物品，穿好衣服，提醒乘客抱好婴儿。

(6) 帮助乘客提拿行李物品下飞机（必要时应将其情况向地面服务人员交接）。

知识拓展

奶粉小知识

奶粉分为调制奶粉、全脂加糖奶粉、全脂无糖奶粉和脱脂奶粉。调制奶粉又分为保健奶粉、调味奶粉、配方奶粉和强化型奶粉。其中配方奶粉又可细分为儿童奶粉、男士奶粉、女士奶粉、学生奶粉、婴儿奶粉和中老年奶粉。

哭闹的原因

婴儿哭闹的原因：压耳、身体不舒服；饿、渴；要求换尿布；不愿同一姿势或同一地点久坐。要求乘务员掌握其特点，因势制宜。婴幼儿睡觉时应征得监护人的同意后提供毛毯、枕头和摇篮。

心理特点

婴儿生长发育特别迅速，是人一生中生长发育最旺盛的阶段。婴儿自两个月以后，积极情绪开始发展，当吃饱、温暖时，可以看到婴儿活泼而微笑的表情；反之，能引起否定的情绪反应，如哭闹、呆滞等。4个月的婴儿能区别各种气味，能分辨不同颜色的物体。4~5个月的婴儿便能分辨出亲人和陌生人。婴儿从第4个月起开始分辨出成人的声音，如听到监护人说话的声音就高兴起来，并开始发出一些声音以回应成人。

婴儿的正确抱姿

(1) 平抱，也可采用角度较小的斜抱。平抱时让婴儿平躺在成人的怀里，斜抱时让婴儿斜躺在成人的怀里。不论是平抱还是斜抱，成人的一只前臂均要托住婴儿的头部，另一只手臂则托住婴儿的臀部和腰部。

(2) 直立抱，有两种姿势可供选择：一种直立抱姿势是婴儿背朝成人坐在成人的一只前臂上，成人的另一只手拦住婴儿的胸部，让婴儿的头和背贴靠在成人的前胸；另一种直立抱姿势是让婴儿面朝成人坐在成人的一只前臂上，成人的另一只手托住婴儿的头颈、背部，让婴儿的胸部紧贴在成人的前胸和肩部。

练习题

1. 安排带婴儿的母亲就座，最佳选择什么位置？
2. 怀抱婴儿的乘客入座后，应注意哪些？
3. 简述婴儿安全带的使用方法。

第四节　聋哑乘客的心理特征及服务

一、聋哑乘客的心理特征

听觉的丧失会给人的认识活动带来严重影响，由于接收不到声音刺激，聋哑人对复杂环境的感知不够完整，在每一瞬间能够直接反映到他们大脑中的只是处于视野之内的场景。聋哑人缺少语言和语言思维。对于他们来说，感觉与思维的统一关系受到了破坏，也就是说，他们的感觉和知觉过程中缺少思维和语言的积极活动。他们情绪不稳定，容易变化，转怒为喜的情况比较多见。聋哑人的情感缺少含蓄性，很容易流露于外，遇到高兴的事，就喜形于色或哈哈大笑；遇到不满意的事，就垂头丧气或大发雷霆。

二、对聋哑乘客的服务

（一）登机阶段的服务

（1）乘务员主动与他们沟通，包括空中飞行时间、到达机场时间、供应餐饮、航线情况等；介绍紧急设备、服务设施的使用方法。

（2）可借助多种方式，如肢体语言、文字表达等，注意使用手势时不要失礼。

（二）巡航阶段的服务

（1）每次广播后，向其介绍广播的内容。

（2）提供餐食和饮料服务时一定要有耐心，不可带有急躁情绪。

（3）下降时告诉乘客到达时间、当地温度、机场名称等信息。

（三）下机阶段的服务

（1）主动了解是否有人接机。

（2）主动与地面人员联系安排其下机。

1. 聋哑乘客有哪些行为特点？
2. 与聋哑乘客的沟通有几种方式？应切记什么？

第五节　对肥胖乘客的服务

遇到超肥胖乘客坐飞机时，乘务员应从以下几个方面做好服务工作。

（1）因为身体超重，行动很不方便，乘务员应注意提供及时的照顾和服务。

（2）一视同仁是我们服务的原则，不能歧视、不能讥笑或另眼相待。

（3）飞机起飞、下降时，主动提供加长安全带；如没有备份，可从空座位上拆下一根合并使用，等航班结束后恢复原位。

（4）不能安排其在紧急出口或靠通道座位。

（5）提供餐饮时，尽量不提供或少提供含高热量、高糖的食品。

1. 如何帮助肥胖乘客系好安全带？
2. 肥胖乘客不宜坐在哪排座椅上？

第六节　对身体不便乘客的服务

病残旅客比正常人自理能力略差，有特殊困难，迫切需要别人的帮助，但是他们自尊心都极强，一般不会主动要求乘务员的帮忙，总是要显示他们与正常人一样，不愿意别人说他们是残疾人，或把他们当作残疾人对待，心理敏感。对此，乘务员要了解这些旅客的心理特点，特别注意尊重他们，最好悄悄地予以帮助，让他们感到自然、温暖。

为身体有障碍的人服务的基本原则是平等、尊重、真诚。恰当的称呼：对待障碍人士应用尊重、有礼貌、有尊严、平等的方式对待他们，不要用"瞎子""弱智""聋哑""残废"之类不恰当的称呼。身体不便的乘客如图6-5所示。

图6-5　身体不便的乘客

一、对坐轮椅乘客的服务

乘客自带的折叠式轮椅应在办理登机手续时进行交运，如乘务长在机舱门口发现乘客自带轮椅，要及时通知地服人员将轮椅存放到货舱。

（一）轮椅旅客的种类

(1) 无自理能力的旅客运输受到严格控制 (WCHC)。

(2) 半自理能力的旅客运输受到一定的限制 (WCHS)。

(3) 有自理能力的旅客运输不受限制 (WCHR)。

（二）登机阶段的服务

(1) 对有行走能力的轮椅乘客，主动搀扶其上下飞机，并帮助提拿、安放行李，将乘客携带的轮椅存放在飞机下面的行李舱内。

(2) 对完全丧失行动能力且无人陪伴的旅客，协助地面服务人员提前送上飞机，并按指定座位就座。

(3) 禁止安排其在紧急出口的位置。可以安排在卫生间附近座位处。

(4) 协助乘客系好安全带。

(5) 主动介绍服务设备、安全带、呼唤铃的使用方法。

(6) 协助乘客办理轮椅托运手续；到达目的地时地面服务人员第一时间取出轮椅在登机口等候。

(7) 乘务员主动帮助残疾乘客安放好随身携带的拐杖或储存保管。

（三）巡航阶段的服务

(1) 指定专人照顾，主动介绍机上服务项目。

(2) 主动搀扶其进、出洗手间，介绍洗手间设备的使用方法。

(3) 主动为其提供毛毯。

(4) 乘务员在飞机下降前，通知机组与地面人员联系，准备好轮椅或升降救护车。

（四）下机阶段的服务

(1) 轮椅乘客原则上先上飞机，后下飞机。

(2) 帮助乘客整理随身物品，并送其下机。

(3) 做好与地面服务人员的交接工作。

二、对患有精神病乘客的服务

对于精神状态可能对其他旅客及其自身造成危害者，航空公司有权拒绝运输。对于有亲友及医生陪同的精神病患者乘客，可以根据情况允许登机，但须在整个飞行过程中对其密切注意。

（一）登机前的服务

（1）如果登机时乘客显示出精神状态异常，干扰了机组成员的正常工作，并危及其他乘客与机组的安全，由机长通知地面服务人员，将其带下飞机做善后处理。

（2）如果飞机推出后发现某乘客显示精神状态异常，应马上通知机长，由机长做决定处理。如果决定返回停机坪，应立即通知地面人员办理相关手续。

（二）巡航阶段的服务

（1）飞机起飞后某乘客显示出精神状态异常，应立即通知机长。

（2）请求该乘客的陪同人员看护，或指定专门的乘务员安抚并全程关注，避免引起其他乘客的恐慌。必要时，可对该乘客采取管制性约束。

（3）不可提供带有酒精的饮料和伤害性的尖锐用具。

（4）下降前，通知机组与地面人员联系，准备好救护车。

（三）下机阶段的服务

通知地面与地面医务人员交接。

三、对担架病人的服务

担架病人乘机必须有医生证明方可登机。乘务员要提前了解其病症、到达站、有无医务人员或家人陪同、担架是否随机、有无特殊要求等。

担架病人可分为担架随机和不随机两种。

（一）登机阶段的服务

（1）根据情况安排担架病人先上飞机。

（2）担架随行时，乘务员应协助监护人将其安置在不影响通道通行的普通舱最后三排左侧。要确保担架和病人完全固定好。

（3）如担架不随机，要在座椅上铺垫毛毯、枕头，根据病情让病人躺卧。

（4）让病人头朝机头方向，下降时用枕头或毛毯垫高头部或根据病人的情况将头部朝机尾方向，帮助病人系好安全带。

（5）了解到达后有无车辆接送，必要时可根据乘客要求报告机组与地面联系，安排有关事宜。

（二）巡航阶段的服务

(1) 飞行中指定专人负责，经常观察、询问病情，根据情况妥善照顾。

(2) 供应饮料和餐食时，要与病人或陪同人员商量，协助其进食。

(3) 下降时，提醒病人防止压耳，协助搀扶病人和担架。

（三）下机阶段的服务

(1) 落地后，让病人最后下飞机（通常担架病人先上飞机后下飞机）。

(2) 协助整理、提拿手提物品，护送病人下机。

四、对需要持有医疗证明的乘客的服务

(1) 怀孕超过32周的孕妇。

(2) 担架乘客。

(3) 空中可能有生命危险或要求医疗护理者。

(4) 要求在空中吸氧者。

(5) 已知有传染性疾病但已采取措施可以预防传染他人者。

练习题

1. 简述有几种类型的轮椅乘客。
2. 轮椅乘客上下飞机的原则是什么？
3. 在登机时发现乘客精神状态有异常现象应如何处理？
4. 担架乘客乘坐飞机，应如何安置？
5. 哪类乘客乘坐飞机必须持有医生证明？

第七节　对盲人的服务

盲人由于双目失明，造成行动困难。残疾人的情感比一般人丰富、敏感，且自尊心强，如有些盲人为了不让别人看出自己是盲人，走路不拿路杖，不让别人扶他走路。盲人因缺少视觉感受，行动不便，平时多较文静，爱听音乐、听广播等，天长日久大多数人会形成内向的性格，情感不外露。盲人喜欢谈话，也爱沉浸于幻想。焦虑也是盲人的显著倾向。由于盲人行动有困难，他们常处于一种唯恐有失的紧张状态中，非常需要安全感。针对

盲人的特点，乘务员应竭尽所能，帮助盲人平安顺利地度过空中旅行，图6-6所示为盲人乘客。

图6-6　盲人

一、登机阶段的服务

（1）乘务员主动做自我介绍，征得乘客同意方可搀扶。

（2）在上下飞机和行走时，让乘客拉着乘务员的手，不断提醒前后左右等方向。

（3）就座后，帮助乘客安放手提物品，尽量放在乘客可以触摸到的地方。

（4）帮助系好安全带并讲解解开的方法。

（5）如随身带有导盲犬，可将其安置在座位的前面，导盲犬的头朝向通道，并向周围乘客解释说明。

（6）主动介绍紧急设备的位置、使用方法和逃生的方向。

（7）让乘客触摸各种服务设备并教会其使用方法。

（8）主动介绍洗手间的方向。

二、巡航阶段的服务

（1）飞行中由专人负责，经常询问乘客的需求，经常与其交谈沟通。

（2）协助盲人乘客进/出洗手间，介绍洗手间设备的使用方法。

（3）供餐时，可将餐盘比作时钟，把餐盘内的各种食品（热食、冷食、饮料、水果）等摆放的位置告诉盲人乘客。

(4) 提醒乘客餐食的热度，避免烫伤；必要时，还可帮助盲人用手感受一下餐盘里的食物。

(5) 帮助盲人切割食品、递拿餐具。

三、下机阶段的服务

帮助盲人乘客整理衣物、主动提拿行李；护送盲人下飞机，做好与地面工作人员的交接工作，如图 6-7 和图 6-8 所示。

图 6-7　为盲人服务

图 6-8　为盲人提供用餐服务

练习题

1. 简述盲人的心理特点。
2. 如何协助盲人乘客进入客舱?
3. 供餐时,应如何向盲人介绍餐食?

第八节　孕妇的服务要求及心理特征

孕妇必须符合运输条件并经承运人同意,方可乘坐飞机。

(1) 怀孕不足 8 个月(32 周)的孕妇乘机,除医生诊断不适应乘机者外,按一般乘客运输。

(2) 怀孕满 8 个月(32 周)但不足 35 周的孕妇乘机,应办理乘机医疗许可。该医疗许可应在乘机前 7 天内签发才有效。

(3) 不符合承运条件。怀孕 35 周(含)以上者、预产期在 4 周(含)以内者、无法确定准确日期者、已知为多胎分娩或预计有分娩并发症者、产后不足 14 天者,不予办理乘机手续。

一、对孕妇的服务

(一) 登机阶段的服务

(1) 主动帮助孕妇提拿、安放随身携带物品,注意调节通风口,主动介绍客舱的服务设施、洗手间的位置和使用方法(特别是呼唤铃、清洁袋)。

(2) 将孕妇安排在适当的座位,不能安排在紧急出口处,了解孕妇的情况是否符合乘机规定。

(3) 起飞和下降前为孕妇在小腹下部垫好枕头或毛毯,将安全带系在大腿根部,并示范解开的方法。

(二) 巡航阶段的服务

(1) 了解孕妇的饮食习惯,主动沟通,不断了解其需求,尽量让其舒适。

(2) 对孕妇应多提供几个清洁袋,主动询问孕妇乘机感受,并随时给予照顾。

遇到临近分娩,乘务员要尽快将孕妇安排在与乘客隔离的位置。广播找医生寻求帮助并及时报告机长,采取相应措施,关闭通风孔。乘务员根据所学的接生知识,安排、做好消毒分娩工作,做好飞机备降的准备工作及交接工作,如图 6-9 所示。

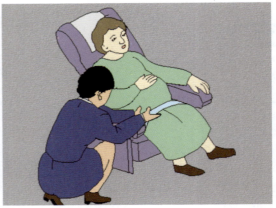

图 6-9　为孕妇服务

（三）下机阶段的服务

(1) 帮助乘客整理好随身携带物品，穿好衣服。

(2) 帮助乘客提拿物品，送其下机。

(3) 必要时应将其情况向地面服务人员交接。

二、孕妇的心理特征

从外部特征来看，孕妇容易出现疲惫嗜睡、尿频、恶心呕吐的症状，尤其是闻到厌恶气味的时候表现得更为突出。孕妇最明显的变化就是体重增加，行动不便。孕妇在出行时，渴望得到他人的帮助，一般孕妇最担忧的就是宝宝和自己的安全。

练习题

1. 机上哪些座位不适合孕妇就座？
2. 如何协助孕妇系好安全带？
3. 一旦空中发生孕妇分娩，乘务员应如何处置？

第九节　对晕机乘客的服务

晕机的乘客大多数不愿让他人知道，往往是自己默默忍着，一旦忍不住就会出现脸色苍白、全身冒虚汗、坐立不安等最后导致呕吐。有些乘客本身就有晕机史，乘坐任何交通工具都会眩晕；有些乘客是由于没有休息好或由于乘坐飞机过于紧张或激动而导致晕机。当乘务员发现乘客晕机时，应主动提供帮助、耐心安抚情绪，使其平稳过渡，如图 6-10 所示。

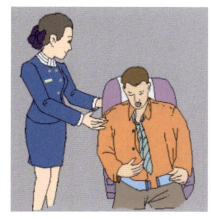

图 6-10　为晕机乘客服务

在服用晕机药服务上，首先不主动提供晕机药，在乘客自己提出需要服用时，一定要慎重起见，做好以下几点工作。

(1) 在提供晕机药片之前查明晕机原因。

(2) 问清有无服用药物过敏史。

(3) 一旦决定提供晕机药片，要求乘客填写一份"旅客机上用药免责单"。

(4) 服用晕机药片的最佳时间，是航班起飞前 30 分钟。

一、起飞前滑行阶段的服务

(1) 乘务员发现乘客晕机，应仔细询问，加以安慰，使乘客保持冷静。

(2) 当乘客提出需要服用晕机药时，询问有无过敏史后根据情况提供晕机药片。

(3) 服用之前主动出示药品说明书，填写"旅客机上用药免责单"，并让其签字后服用。

二、巡航阶段的服务

(1) 让晕机的乘客松开领带、腰带和安全带等，帮助打开通风口和放倒座椅靠背，让乘客安静休息，协助打开清洁袋。

(2) 可轻声安慰，并用手在乘客的后背自下向上推。

(3) 乘客呕吐时，应及时更换清洁袋。

(4) 为呕吐乘客送上热毛巾和温水漱口，及时擦净弄脏的衣服、行李和地毯；对无法清洁的地毯和座椅，应等飞机落地后通知有关部门。

(5) 座椅被污染后，有条件的可更换座位，没有条件的可更换座椅套或擦净脏污铺上毛毯。

(6) 对于晕机严重的乘客,可适当地提供氧气。

三、下机阶段的服务

(1) 地毯上临时出现脏污,乘务员应拿报纸遮盖,引导乘客避让而行。

(2) 下机时主动帮助乘客提拿行李,搀扶下机。

练习题

1. 如何判断晕机乘客?
2. 当乘客提出需要服用晕机药时,应注意哪些事项?
3. 在空中乘客出现晕机,应如何处理?
4. 座位被污染乘务员应如何处理?

第十节　对丢失物品的处理

在飞机上有时会出现乘客报告丢失物品,乘务员得知后,首先要问清物品名称、特征及可能丢失的地点;记录其姓名和座位号以及联系方式;立即报告机长与地面相关人员联系,并帮助查找;找到失主的物品,首先当面确认无误,再交还给乘客;如来不及寻找或未找到,向乘客表示歉意,说明情况,留下双方的联络方式,并通知地面继续帮助查找,一旦有结果及时通知,如图6-11所示。

图6-11　丢失物品行李查询

练习题

1. 找到丢失物品后,应如何交还给乘客?
2. 没有找到丢失物品,应如何解决?

第十一节　对遣返乘客的服务

遣返客人或犯人,他们被遣返的原因有多种,性质复杂,有的因为犯罪被押送回国,有的是因为签证过期被遣返,有的是因为偷渡被查出遣返。无论何种原因,必须保持高度的警觉性,全程监控他们的表现,防止他们出现过激的行为,危及航空安全和乘客的安全。

对押解犯人的服务如下。

(1) 乘务长接到遣返乘客乘机的通知后,要及时传达到每位乘务员,全程监控。

(2) 不得将其安置在紧急出口、靠近通道或应急窗的座位,应安排在后舱中间座位,押送人员安排在犯人的邻座。

(3) 押送人员不得将嫌疑人捆绑在座位或固定物体上。

(4) 不要给押送人员和遣返人员提供含酒精的饮料。

(5) 不要向犯人提供具有伤害性的或尖锐的用具。经得押送人员同意后,犯人可以使用一次性餐具。

(6) 尽量避免将犯人的身份暴露给其他乘客。

(7) 押解犯罪嫌疑人不得与要客同机。

(8) 遣返人员最先上飞机,最后下飞机。

(9) 遣返乘客到达目的地之前,由乘务长报告机长,通知地面边检部门办理交接手续。

练习题

1. 对遣返人员服务时应注意哪些事项?
2. 飞机落地后,如何交接遣返人员?

第十二节　对旅行团乘客及特殊乘客的服务

旅行团乘客是指统一组织的人数在10人以上（含10人）的乘客，他们的航程、乘机日期和航班相同。旅行团乘客的特点是：兴奋、好奇、活跃、说话声大、不顾忌他人感受，喜欢随便更换座位。

为了有序地开展机上服务工作，照顾好每一位乘客的空中旅行生活，关注每位乘客的要求，维护好客舱秩序，根据旅行团乘客的特点，乘务员应从以下几点做好服务工作。

(1) 确认领队负责人，并让其协助疏导团体乘客入座。

(2) 保持客舱安静，不要大声喧哗。

(3) 遵守安全规定，不能乱动应急设备。

(4) 主动介绍飞机设备、飞行时间、供餐计划。

(5) 提醒儿童、老人保持客舱卫生，不要随地乱丢垃圾。

(6) 不要随便将飞机上的服务用品带下飞机。

为了确保特殊乘客在旅行中能够安全、顺利和舒心地度过，本着在每个环节不出问题或少出问题的出发点，航空公司特地为特殊乘客承运制定了一些细则，出台了一些细致有效的服务流程，提供地面和空中"一条龙"服务。例如：规定要求地面工作人员要填写"旅客特殊服务通知单"，在空中的乘务员要填写"特殊旅客空中生活记录单"（一式三联，第一联交地服人员，第二联交地服人员转乘客家属，第三联交本部门），其目的是把握特殊乘客信息，了解乘客状况和需求，做好相应的服务。

练习题

1. 旅行团乘坐飞机有哪些特点？
2. 要注意提醒旅行团避免哪些不文明的行为出现？

第十三节　对死亡或休克事件的处置

由于某种原因导致乘客在飞机上死亡是极其罕见、少之又少的事件，但是出现临时休克的现象却很多，必须有充分的心理准备，学好机上救护知识，这样一旦遇到突发事件，就可以沉着冷静地面对，得体得法有效地处理，使乘客的生命得到及时地保护和挽救。

对死亡或休克事件的处置程序如下。

(1) 飞机起飞前，发现有乘客休克或死亡，应立即报告机长，停止起飞。

(2) 空中发现有乘客休克时，应迅速报告机长与地面联系，安排好救护车和医务人员，做好备降准备。

(3) 空中发现有乘客死亡时，应立即报告机长，保持现场，加盖毛毯，调整周围乘客的座位。

(4) 如果有医生在场，请医生帮助确定是否死亡，如果确认已死亡，应请医生填写死亡报告（"机上重大事件报告单"），一式三份，并请医生、责任机长、飞行乘务长在相应的签名栏中签字。

(5) 飞机落地之前，报告机长所发生的详细经过，并按责任机长/医生指令搬移尸体。到站后将死亡报告交给机场有关部门一份、医生一份、乘务客舱部一份。

(6) 如果没有医生在场，乘务员无权宣布病人死亡，应及时通过责任机长通知地面做好急重病人抢救的准备工作。

(7) 填写"机上重大事故报告单"，责任机长尽可能与地面急救中心联系，取得最大支持，按其指令行事。

(8) 收集死亡者的遗物，保留该航班的乘客舱单。

(9) 落地后应向有关部门如实汇报死者的情况，并通知卫生部门对客舱进行消毒处理。

(10) 对突然休克的乘客应立即采取保护措施，解开衣领和腰带，保温，勿随意搬动。

(11) 检查生命体征，号脉，掐住人中数秒直到乘客苏醒。

(12) 提供糖水、保持安静，等到乘客症状减轻后搀扶到座位上休息。

(13) 必要时可提供氧气瓶吸氧。

下面是在服务中常用的几种单子，比如，特殊旅客空中生活记录、无成人陪伴儿童空中生活记录、机上旅客用药免责单，如图6-12～图6-14所示。

案例1：自尊与安全

某航班旅客登机入座后，一老年乘客怀中抱着一件大件行李紧紧不放，乘务员小刘提出帮他放置到行李架上，老人坚持不肯。在没有多加沟通的情况下，乘务员小刘直接拿起老人怀中的行李塞入了其座椅上方的行李架上，随后转身离去。尽管乘务员执行安全规定没有错，但是由此引起了老人的不快。老人直接向带班乘务长投诉该乘务员工作方法简单粗暴，对老年人没耐心，不够尊重。

教师引导学生进行课堂讨论。

特殊旅客空中生活记录
SPECIAL TRAVELLER JOURNEY RECORD

老年 old☐　　病者 sick☐　　孕妇 pregnant☐　　其他 others☐

日期 DATE_____　　　　　航班号 FLIGHT NO_____
始发站 ORIGINAL STATION_____　到达站 DESTINATION_____
旅客姓名 TRAVELLER NAME_____　座位号 SEAT NO_____
年龄 AGE_____性别 SEX_____护照号码 PASSPORT NO_____
随身携带行李数 HAND-BAGGAGE_____联系人姓名 RELATIVE'S NAME_____
电话 TELEPHONE NO_____　　　地址 ADDRESS_____
空中安全和生活情况（in-flight safety&activities）

责任乘务员：

地面接待人（SIGNATURE OF GROUND STAFFS）_____
主任带班乘务长（SIGNATURE OF CHIEF PURSER）_____
　旅客家属（SIGNATURE OF RELATIVE）_____

图 6-12　特殊旅客空中生活记录

无成人陪伴儿童空中生活记录
UNACCOMPAINIED CHILD JOUREY RECORD

日期 DATE_____ 航班号 FLIGHT NO_____

始发站 ORIGINAL STATION_____ 到达站 DESTINATION_____

儿童姓名 CHILD NAME_____ 座位号 SEAT NO_____

年龄 AGE_____ 性别 SEX_____ 护照号码 PASSPORT NO_____

随身携带行李数 HAND-BAGGAGE____ 联系人姓名 RELATIVE'S NAME_____

电话 TELEPHONE NO_____ 地址 ADDRESS_____

责任乘务员 Responsible stewardess	用餐时间 Time for meal	餐食类别 Kind of meal	用餐情况 Condition of meal servicing

休息、娱乐情况（rest & entertainment）:
机上安全和个人生活情况（in-flight safety & activities）:
特殊情况（special circumstance）:

空中服务情况 IN-FLIGHT SERVICE 责任乘务员_____

地面接待人（SIGNATURE OF GROUND STAFFS）_____

主任带班乘务长（SIGNATURE OF CHIEF PURSER）_____

监护人 （SIGNATURE OF RELATIVE）_____

图 6-13 无成人陪伴乘客空中生活记录

```
          机上旅客用药免责单
          LIMITED    RELEASE

| 航班    | 时间 | 药品名称及数量              |
| FLIGHT | TIME | MEDICINE(name&quantity) |
|        |      |                         |
|        |      |                         |
|        |      |                         |

  本人在机上感到身体不适，向乘务员提出服用药物的要求，
  乘务员已向本人陈述服用药品的副作用，但本人仍坚持服用，如
  有不良反应，自愿承担后果。
  I, hereunder signed, feel unwell onboard, and demand taking
  medicine above. Attendant has already stated the side effect
  of medicines to me, so upon taking, I fully acknowledged
  consequences and release Air China Liability.


         旅 客 签 名：
         PASSENGER SIGNATURE

         乘 务 员 签 名：
         ATTENDANT SIGNATURE
```

图 6-14　机上旅客用药要免责单

案例 2：多姿多彩的内心世界

从东京飞往上海的航班上，乘务员小张接待了一位无成人陪伴的日本小乘客，小乘客上了飞机后一直沉默不语。小张用英文向他问好，他只是胆怯地摇头，改用简单的日语问候，小朋友偶尔会露出一丝微笑。

供餐的时候，小张用日语订餐，日本小朋友仍然胆怯不语。怎么能让金口难开的小朋友开口说话呢？小张灵机一动，把餐食品种以形象的动物画在了纸上给他看让他挑选，只见日本小乘客在牛的下方画了一个圈，这时乘务员小张立刻明白，选择牛肉米饭。在小张的热心帮助下，日本小朋友顺利地用完餐。一路上，小张陪伴着小乘客为他画画、拼图、做游戏等，日本小乘客渐渐地和小张熟悉起来，脸上开始露出笑容，开始张嘴说话了。最

初的陌生感荡然无存，换来的是小旅客的开心与笑容。飞机要着陆了，刚刚建立起友情就要说再见了，从小旅客的脸上可以看到他恋恋不舍的样子。

点评分析：

服务无国界，心灵的沟通超越了国界。即使对于一个沉默不语的外籍小乘客，他的内心情感世界也如画一样清晰而多姿多彩。乘务员小张从发现日本小朋友喜欢画画，到迎合他的心理需求与爱好，成功地借助画画的优势，摆脱了与其交流的障碍，最后达到双方"心有灵犀一点通"的服务效果。

案例3：一次难忘的飞行

今天的飞行任务是太原—长沙—三亚，航班起飞前我们没有接到任何有关飞机上有特殊乘客的通知。当我们为10排A座的一名男性提供饮料时，发现他只指咖啡壶，问他："是喝咖啡吗？"他点了点头。第二次提供饮料时他又指了指高的瓶子，我说："您需要可乐？"他摇了摇头，我指了指雪碧，他点了点头。好纳闷啊，这个人怎么就不开口说话呢？长沙到了，为了飞行安全，我们要求所有中转旅客携带好随身行李下机。等旅客下机以后我发现在10排行李架上有两盒陈醋和一袋山西的特产，带班乘务长说就把它放到廊桥口吧，这样物主看到后就会拿上飞机。乘客开始登机了，我正在紧急出口做解说，突然发现一个男士冲我叫，只见他从嗓音里只发出单一的声音，不断地指行李架，感觉到他很着急、很气愤，我才想起来刚才那些东西可能是他的。我便带着他来到廊桥口，指了指廊桥口的行李。他的脸色缓和了下来，点了点头，拿起东西回到客舱里。客舱里出现了一片小声的议论，有些旅客的眼神中透露出了特殊的神情。其实，当听到他带有急切和愤怒的声音时，我也有些慌张，想帮助他但是又沟通不了。等他坐回座位上，我向他微笑了，我相信，他能明白。过了一会儿，他招手叫我，将自己的手机递给我。上面写着："我是一位聋哑人，刚才一上来看见我的东西不见了很着急，所以情绪有些激动，把你吓坏了吧，我很抱歉，希望你能谅解！"我赶紧在纸上写道："没事，我们因为要保证飞行安全需要清舱，所以把您的东西拿到了廊桥口上，以为您上机时会看见，真的对不起了！"他看完后，笑了……

该提供晚餐了，我突然想到了他，怕一会儿点餐时又会出现尴尬，连忙写了小纸条问他："先生，我们一会儿要提供晚餐，有鸡肉米饭和猪肉面条，您喜欢哪一种？"他指了一下鸡肉米饭，看了看他，我会心地一笑。整个航程中，每一次到了他那里我都会多看他一眼，看他有没有什么需要，给他一个微笑。飞机要降落了，我写了小纸条告诉他："我们将在30分钟后到达三亚凤凰机场，三亚的地面温度为25℃。请您根据气温增减衣物。"下降检查时，我看到了他感激的目光和满意的笑容，心里美滋滋的！

　　飞机落地了，他要等到最后一个下机，在他的手机上写了很长一段话给我看，他说，他很感谢我为他做的一切。他努力地想和我说一声再见，虽然发出的声音无法听出那两个字，但是我的心却听到了！

　　离开时，他脸上的笑容使我永远难忘，因为在我的飞行年限中，他是我第一个接触的特殊乘客，他对我的影响很大，我感受到他的孤独与善良，他遇到困难想表达时有多难，问题解决了又是多么容易满足。我回到家后一个人想了很久，不只是因为他表扬了我而感动，还有一点懊悔，在他第一次用手指点想要喝什么的时候我就应该能感觉到他的特殊……我应该做得更多更好，我相信，有了这次经历今后我一定可以做得更多更好！

✈ 案例4：一场突发疾病的考验

　　2009年3月3日，某分公司执行由上海飞往昆明的航班，一名乘客突发疾病。

　　由于航空管制的原因，飞机在跑道上等待起飞大约30分钟，这时主任乘务长不断地在客舱里巡视，刚走到客舱，突然从后卫生间冲出了一位捂着肚子的男士，只听到"砰"的一声，这位男士倒在了后厨房的地板上。乘务员见此情景立刻上前询问，只见这位男士面色苍白，满脸大汗，表情痛苦地告诉乘务组说他的肚子非常疼痛，感到很不舒服。

　　乘务长迅速报告机长并安排乘务员分工，做好各项工作，为男士迅速戴上氧气面罩吸氧，并测量体温脉搏，同时准备好温热的糖盐水。由于病情不明，乘务组没有立即挪动旅客，用飞机上的毛毯枕头在后厨房地板上整理出了一块空地，使该旅客尽量感觉舒服一些。

　　了解到旅客是单独出行，无法详细地了解病情，乘务组立即广播寻求医生请求帮助。经过仔细观察了解，这位男士初步诊断为急性肠炎，由于连续拉肚子炎症没有得到有效控制，严重脱水而造成晕厥，医生不建议服用药物，可适当补充体内水分，平躺安静休息，待下机后做彻底检查。

　　乘务组在客舱最后一排安排位置，让他安静躺下为其盖上毛毯，并为他送上糖盐水，抽出乘务员专门负责照顾。

　　在乘务人员的精心照料下，乘客的情绪逐渐稳定下来，疼痛也逐渐减轻，等再次征得乘客是否取消本次旅行时，他说没问题可以继续飞行。

一路上乘务长和乘务员不时询问关心这位乘客，临下飞机时，生病旅客虽然身体仍然虚弱，但仍不停地向乘务组表达他的感激之情。

练习题

1. 空中发现乘客死亡，没有医生的情况下，应做好哪些工作？
2. 飞机落地后，对死亡家属，应做好哪些交接工作？
3. 对临时休克的乘客，应采取哪些抢救措施？

第七章
航空公司人员的岗位职责及各个工作阶段

  为了保证飞行安全、服务工作正常，每名乘务员必须严格遵守行业标准，执行岗位职责，履行自己的义务，尽职尽责，以确保飞行安全。

第一节　岗位及等级的名称

波音公司生产的民用客机，航空公司制定了机组人员配置的有关岗位，一架波音机上乘务员共有以下几种岗位。

- CF：主任乘务长。
- PS：乘务长／带班乘务长。
- FS：头等舱乘务员。
- SS：普通舱乘务员。
- AS：厨房乘务员。
- AN：广播员。
- SC：安全员。

乘务员共有哪些岗位等级名称？

第二节　通用岗位的职责

一、客舱乘务员的职责

（一）职责

(1) 负责检查卫生间、供水系统、马桶冲水系统、灭火系统及烟雾探测器设备。

(2) 负责检查落实卫生间服务用品。

(3) 负责摆放卫生间润肤水、香水、润肤霜及空中的清理。

(4) 负责书报杂志的整理和摆放。

(5) 负责了解旅客的宗教信仰，做好供餐前的准备。

(6) 负责保管、归还旅客的物品。

(7) 负责飞机落地后的客舱检查。

(8) 负责妥善处理航班中遇到的特殊情况，及时报告乘务长。

图 7-1 所示为卫生间的化妆品。

图 7-1　卫生间的化妆品

（二）卫生间的清洁标准

卫生间是机上重要服务设施的一部分，从乘务员登上飞机那一刻起，就要承担起对卫生间实施监管、监控和清理的工作。卫生间的清洁标准如图 7-2 所示。

(1) "四净"：马桶、水池、地板、镜子干净。

(2) 用品齐全：洗手液、手纸、擦手纸、马桶垫纸、香水、润肤水、润肤霜、鲜花。

(3) 手纸叠成三角形，擦手纸抽出一半。

(4) 马桶垫纸铺好，冲水系统工作正常。

(5) 飞机起飞/下降时把马桶盖盖好，以防起飞/下降时卫生间的用品滑落掉进马桶里，造成马桶堵塞，影响乘客使用。

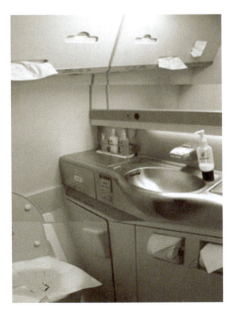

图 7-2　卫生间清洁标准

二、厨房乘务员的职责

（一）职责

(1) 厨房乘务员要在乘务长的领导下展开工作。

(2) 认真检查本区域的应急设备和服务设备是否处于良好状态。

(3) 负责检查本区域的紧急设备，确保客舱安全。

(4) 负责检查、接收、清点餐食数量报告乘务长（餐食包括：热食冷盘种类、特餐种类和数量）。

(5) 负责检查、接收供应品种类和数量报告乘务长（供应品包括：用于热饮的纸杯、用于冷饮的塑料杯、大小托盘、冰桶、冰勺、餐巾布、餐巾纸、搅拌棍、茶壶、咖啡壶、牙签、一次性刀叉包、盐、胡椒包、茶叶、咖啡、糖包奶包、软饮料、酒类、花生米等），如图7-3和图7-4所示。

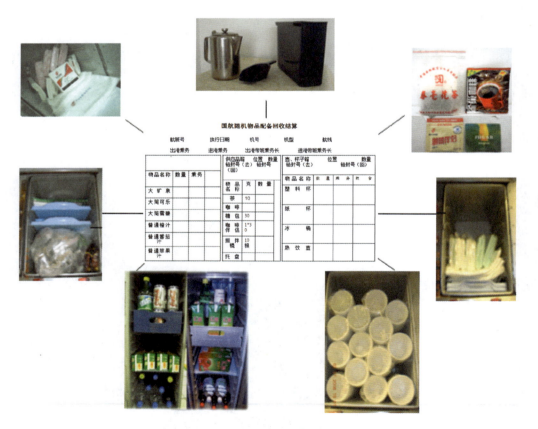

图7-3 乘务员负责检查厨房供应品

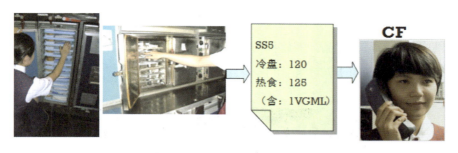

图 7-4　乘务员负责检查机上厨房餐食

（6）严禁将变质或不干净的食品、饮料提供给乘客。

（7）飞机起飞下降、颠簸时，关闭厨房电源，固定好所有设备，门帘收起扣好，关闭马桶盖。

（8）认真填写回收单，铅封好车辆。

（二）厨房用具

1. 用具车

服务用具车共分为三种款式：对半车、餐车、免税品销售车，如图 7-5 所示。餐车还可以作为饮料车使用，如图 7-6 所示。

图 7-5　用具车

图 7-6　饮料车

2. 备份箱

放置供应品备份箱，食品公司航机员每天负责将配载好的供应品箱送上飞机。备份箱内的物品如图 7-7 和图 7-8 所示。

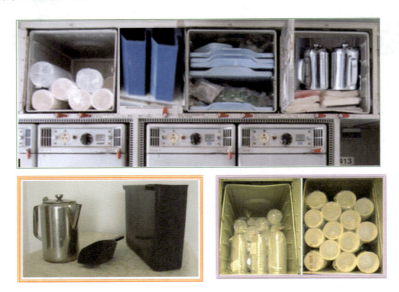

图 7-7　备份箱内的物品 (1)

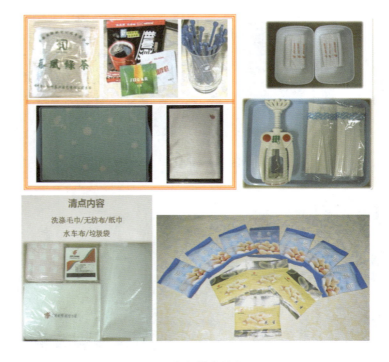

图 7-8　备份箱内的物品 (2)

三、广播员的职责

(1) 广播员由带班乘务长或头等舱乘务员担任。
(2) 负责机上全程正常情况和紧急情况下中外文广播。
(3) 正确使用机上广播器及其操作方法。
(4) 严格按照服务计划有序地广播。
(5) 严禁将广播器外借给非工作人员使用。
(6) 广播时要发音准确、吐字清晰,语气、语调、语速要亲切和蔼。

图 7-9 所示为机上广播员。

图 7-9　机上广播员

练习题

1. 客舱乘务员上机后,应负责检查哪些设备?
2. 客舱乘务员在地面检查卫生间的标准是什么?
3. 厨房乘务员上机后,应检查哪些设备?
4. 厨房乘务员上机后,如何清点餐食?
5. 飞机起飞、下降、滑行、颠簸时,厨房乘务员应如何做好安全检查工作?

第三节　B737-800/A320型飞机乘务员的岗位职责

一、迎送乘客站位

当听到乘务长广播通知乘客登机的命令时，全体乘务员迅速按照乘务员标准站姿，精神饱满、面带微笑、各就各位站在自己的迎客区域等待乘客登机。

各号位的迎客位置如图 7-10 所示。乘务员迎客时的站位如图 7-11 所示。

图 7-10　各号位的迎客位置

图 7-11　乘务员迎客的站位

- PS1 乘务员（乘务长/带班乘务长）站在 L1 门。
- FS2（头等舱乘务员）站在乘务长右侧。

- SS3(普通舱乘务员)站在头等舱第一排。
- PS4(乘务长/带班乘务长)站在前三排 D 座。
- SS5(普通舱乘务员)站在紧急窗口 D 座。
- SS6(普通舱乘务员)站在后三排 D 座。

二、乘务员的座位安排

飞机在滑行、起飞、下降、颠簸时,乘务员必须回到自己的座位上坐好,并系好安全带。乘务员的座位安排如图 7-12 所示。

- L1 门:PS1、FS2。
- L2 门:PS4、SS3。
- R2 门:SS5、SS6。

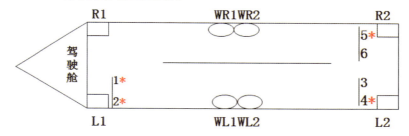

图 7-12 乘务员座位、负责操作舱门滑梯乘务员

三、负责操作机门滑梯的乘务员

(1) 登机完毕:关门、乘务长下达操作分离器的口令(滑梯预位)。

口令:"各号门乘务员请注意,操作滑梯预位并交叉检查。"

(确认、互检、报告机长)

(2) 飞机安全到达,完全停稳对好廊桥,乘务长下达解除滑梯口令。

口令:"各号门乘务员请注意,解除滑梯预位并交叉检查。"

(确认、互检、报告机长)

四、各号位的岗位职责

1. 带班乘务长 (PS1)

(1) 组织航前开准备会。

(2) 负责监管全程客舱服务与安全。

(3) 与机组沟通，特殊紧急情况下组织和指挥。

(4) 签收各种文件，填写日志。

(5) 负责操作录像设备及检查。

(6) 负责操作 L1 门控制面板。

(7) 负责 L1 门迎送乘客。

(8) 负责操作 L1 门分离器并与相对门互检。

(9) 负责航后讲评。

2. 头等舱乘务员 (FS2)

(1) 负责 R1 门处应急设备检查。

(2) 负责前厨房设备、控制面板检查及操作。

(3) 负责清点前厨房餐食、供应品检查。

(4) 与 PS1 配合完成 F 舱服务和安全管理。

(5) 负责对机组的服务。

(6) 负责 R1 门分离器操作并与相对门互检。

3. 普通舱乘务员 (SS3)

(1) 负责 R2 门处应急设备检查。

(2) 负责翼上出口检查及出口座位与乘客的确认。

(3) 负责阅读刊物的接收和摆放。

(4) 负责经济舱检查，清理 3 个卫生间和物品摆放。

(5) 负责与 PS4 配合完成 Y 舱服务和安全管理。

4. 区域带班乘务长 (PS4)

(1) 负责 L2 门处应急设备检查。

(2) 负责接收清点卫生用品。

(3) 负责与 SS3 配合完成 Y 舱服务和安全管理。

(4) 负责 L2 门分离器操作并与相对门互检。

(5) 负责监控落实 Y 舱航前和航后清舱工作。

5. 普通舱乘务员（SS5）

(1) 负责 R2 门处应急设备检查。

(2) 负责后厨房设备、控制面板检查及操作。

(3) 负责清点后厨房餐食、供应品检查。

(4) 负责检查 L2 门控制面板上的水表。

(5) 负责 Y 舱提供餐供饮准备工作。

(6) 负责 R2 门分离器操作并与相对门互检。

练习题

1. 负责站在 L1 门迎送乘客的是几号乘务员？
2. 简述 SS3 号乘务员迎送乘客的位置。
3. L1 门、L2 舱门门滑梯杆由几号乘务员负责操作？
4. R1 门、R2 舱门门滑梯杆由几号乘务员负责操作？
5. 几号乘务员负责操作 L1 门的控制面板？
6. 负责清点、接收后厨房的餐食和供应品的是几号乘务员？
7. 几号乘务员负责与乘客确认翼上出口？
8. L2 门控制面板上的水表由几号乘务员负责检查？

第四节　通用服务工作的四个阶段

航空公司乃至全国民航有史以来，始终按照服务工作四个阶段开展服务工作，它是完成服务工作的重要保证，是做好服务工作的依据。在每个阶段都有非常具体的内容和要求，需要认真学习和掌握，为将来走进航空公司参加工作奠定良好的基础。

一、第一阶段——航前准备阶段

（一）个人准备工作

(1) 乘务员进行网上准备，了解相关信息（包括航班号、起飞时间、飞机号、机长、乘务长名称、配餐情况、航线知识、应急处置预案等），如图 7-13 所示。

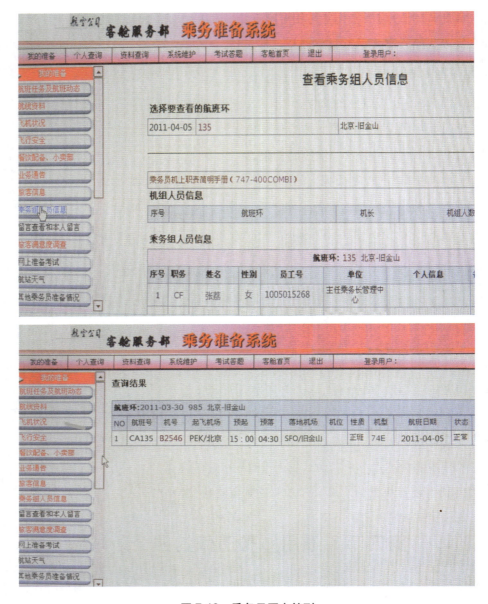

图 7-13　乘务员网上签到

(2) 携带好个人证件，包括登机证、健康证、乘务员训练合格证，如图 7-14 所示。

(3) 准备好个人物品，包括广播词、手电、围裙、针线包、一块走时准确的手表，备好一双长筒丝袜，带好工作箱，如图 7-15 所示。

(4) 根据民航局安全条例规定，佩戴隐形眼镜的乘务员，书包内需备好一副带框眼镜。

(5) 整理好个人仪表着装。

(6) 国内航线提前两个小时到派遣科刷卡签到，进入准备室开会。

航空公司人员的岗位职责及各个工作阶段　第七章

图 7-14　乘务员的三种证件

图 7-15 个人准备物品

（二）航前准备会

航前准备会如图 7-16 所示。

图 7-16 乘务员航前准备会

(1) 飞机起飞前两小时刷卡签到。

(2) 带班乘务长检查全体乘务组人员的着装仪表。

(3) 根据所执行的航班任务、机型进行合理的分工。

(4) 讲解服务计划、旅客特点。

(5) 制定空防预案，复习应急处置程序。

(6) 根据航线特点进行有针对性的提问。

（三）乘车进入候机楼

(1) 到达候机楼自然列队行走，不要说笑。
(2) 使用步行梯时自觉站立在右侧，将左侧快速通道让开。
(3) 在候机楼等候飞机时，衣箱摆放整齐，乘务员集中就座。
(4) 注意自己的仪态，不可跷起二郎腿、吃东西、高声喧哗、打闹、接打手机等。

乘务员行走、乘坐步行梯、待机仪态分别如图 7-17～图 7-19 所示。

图 7-17　乘务员在候机楼的行走仪态

图 7-18　乘务员在候机楼乘坐步行梯的仪态

图 7-19 乘务员在候机楼待机的仪态

二、第二阶段——直接准备阶段（机组登机后）

(1) 检查应急设备齐全、处于有效期之内。

(2) 检查卫生间卫生、用品齐全，检查客舱卫生，摆放书报杂志。

(3) 清点餐食及供应品数量，并报告乘务长。

(4) 检查固定厨房设备。

(5) 清舱。

(6) 乘客登机。

(7) 与乘客确认应急窗口，引导乘客入座，如图 7-20 所示。

图 7-20 乘客登机引导入座

(8) 操作分离器（滑梯预位，互检报告机长）。

(9) 欢迎词广播。

(10) 乘务组自我介绍。

(11) 安全演示。

(12) 安全检查。

① 客舱：安排行李，关闭行李箱，打开遮光板，调直座椅靠背，系好安全带，收起小桌板，应急出口无行李，如图7-21～图7-25所示。

图7-21　乘务员安排行李

图7-22　安全检查——收起小桌板

图7-23　安全检查——系好安全带，调直座椅靠背

图 7-24 安全检查——收起门帘扣好

图 7-25 安全检查——关闭厨房电源

② 厨房：关闭厨房电源、固定好设备、门帘收起扣好、关闭卫生间马桶盖。乘务员回到自己的座位上等待飞机起飞，如图 7-26 和图 7-27 所示。

航空公司人员的岗位职责及各个工作阶段 第七章

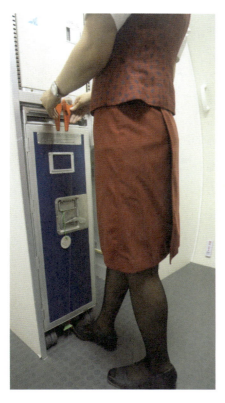

图 7-26　安全检查——固定好厨房设备

图 7-27　回到乘务员座位等待起飞

三、第三阶段——空中实施阶段（飞机起飞后）

(1) 细微服务（递送毛毯、巡视客舱、送报纸、送杂志、支摇篮等）。

(2) 开餐广播。

(3) 餐前饮料—送餐—餐中水—收餐盘。

(4) 下降广播，致意。

(5) 安全检查（厨房、客舱、卫生间）。

(6) 填写交接单，回收供应品。

(7) 操作分离器（解除滑梯预位、互检、报告机长）。

(8) 送客。

(9) 清舱。

四、第四阶段——航后讲评阶段（飞机落地后）

(1) 由带班乘务长组织讲评，对本次航班服务工作中所发生的问题进行分析及特殊情

况的处理结果。

(2) 找出问题，提出整改措施，表扬好的，批评不足。

1. 乘务员的三证指哪三证？
2. 客舱乘务员在直接准备阶段，应该做哪些准备工作？
3. 厨房乘务员在直接准备阶段，应该做哪些准备工作？
4. 飞机滑行期间，客舱安全检查包括哪些内容？
5. 飞机滑行期间，厨房安全检查包括哪些内容？
6. 简述供餐程序。

第八章
客舱服务工作的操作流程
（学生必读）

客舱服务工作模拟训练是完成知行合一的重要环节，通过实践课程，达到培养服务意识、了解服务产品、掌握服务技能、熟悉服务工作流程的目标。

第一节　服务工作的四个阶段

一、预先准备阶段

（一）个人准备

1. 个人物品

女士：外衣、衬衫、马甲、裙子、长筒丝袜、丝巾、皮鞋、化妆品。

男士：外衣、衬衫、马甲、领带、皮鞋。

2. 个人业务

个人业务准备包括教材、本、笔、广播词。

（二）乘务组准备

(1) 由乘务长组织乘务组开准备会。

(2) 乘务长检查组员仪表着装(按服装要求着装)。

(3) 进行分工。

(4) 准备广播词。

二、直接准备阶段

（一）厨房乘务员准备

(1) 检查厨房设备。

(2) 清点餐食、饮料、供应品，并报告乘务长。

（二）客舱乘务员准备

(1) 检查毛毯、枕头、拐杖、玩具、登机牌、眼罩、安全演示物品齐全。

(2) 客舱卫生、洗手间卫生。

(3) 报纸、杂志。

(4) 乘务长请示机长—旅客登机—下达口令—清舱。

（三）乘客登机

迎客：乘客开始登机，全体乘务组人员按照号位站好，准备迎客，如图 8-1 所示。

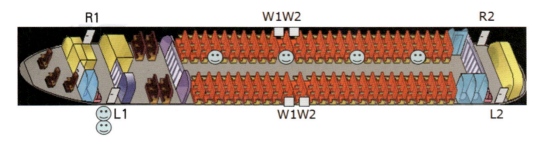

图 8-1　乘务员迎客站位

(1) 引导入座、协助摆放行李、紧急出口座位确认。

目测：是否符合乘坐条件。

语言："女士、先生，您好！您的座位是应急出口位置；在您脚下请不要放置任何物品；正常情况下请不要触碰红色手柄；应急情况下我们需要您的帮助，可以吗？谢谢！"

(2) 登机完毕：关门、乘务长下达操作分离器的口令（滑梯预位）。

口令："各号门乘务员请注意，操作滑梯预位并交叉检查。"

（确认、互检、报告机长）凡是乘务员号位上带有 * 标记的是负责操作舱门滑梯的乘务员，如图 8-2 所示。

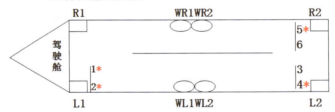

负责操作机门滑梯乘务员：（*）

L1：PS1*　　L2：PS4*

R1：FS2*　　R2：SS5*

图 8-2　乘务员座位并负责操作舱门滑梯

(3) 全体乘务组人员用中英文自我介绍。

(4) 广播员广播欢迎词。

(5) 乘务组安全演示。

(6) 广播安全检查。（从 F 舱走出 / 结束返回）

(7) 客舱乘务员进行安全检查（行李架、遮光板、小桌板、安全带、座椅靠背）。

(8) 厨房乘务员进行安全检查（关闭电源、固定好设备、门帘收起扣好、盖好马桶盖)。

(9) 乘务员进行再次确认安全带广播。

(10) 乘务员回各自座位坐好,系好安全带。

三、空中实施阶段

(一)起飞后

(1) 广播"航线介绍"(客舱乘务员起立进行细微服务)。

(2) 送书报、杂志。

(3) 厨房乘务员准备饮料车、餐车。

(二)开餐

(1) 送餐前饮料。

(2) 送正餐。

(3) 送餐中冷热饮。

(4) 收餐盘。

(5) 巡视客舱。

(三)下降

(1) 落地前30分钟下降广播。

(2) 乘务员到客舱鞠躬致谢。

(3) 客舱乘务员进行落地前安全检查。

(4) 厨房乘务员进行厨房检查。

(5) 广播"再次确认安全带"。

(6) 乘务员回到座位上系好安全带,等待落地。

(四)落地后

(1) 落地广播。

(2) 乘务长下达操作分离器口令(解除滑梯预位)。

口令:"各号门乘务员请注意,解除滑梯预位并交叉检查。"

(确认、互检、报告机长)

(3) 送客。

(4) 检查客舱。

(5) 与下一个乘务组交接，清点供应品。

四、航后讲评阶段

(1) 由乘务长组织召开会议，组员个人总结。

(2) 乘务长归纳总结，进行表扬与批评。

第二节　客舱模拟训练要求（学生必读）

一、着装

(1) 女士穿航空校服全套，制服干净挺括，衣扣齐全扣好，穿高跟皮鞋。

化职业淡妆、盘发、不染发、不留怪异发型、前不遮眉、短发不过肩，丝巾以组为单位，式样统一，不戴任何夸张饰物，左胸上部佩戴号牌。

(2) 男士统一穿航空校服，包括西服、马甲、领带、皮鞋。

要求：西服干净挺括，衣扣齐全扣好，皮鞋干净光亮。

洁面，不留胡须、不染发、不留怪异发型、前不遮眉、侧不遮耳、后不遮领，不戴任何饰物。

左胸上部佩戴号牌，禁止双手插兜。

二、其他

(1) 带本、笔、广播词、鞋套。

(2) 提前10分钟到位，不能在模拟舱内吃东西、喝水。

(3) 以组为单位收手机，按组就座。

(4) 在模拟舱走路要轻，不能嬉笑打闹、大声喧哗。

(5) 贵重物品不要带进模拟舱。

(6) 未征得老师许可，不得动用模拟舱设备。

(7) 遵守纪律，不迟到、不早退。

(8) 课后，最后一组负责清理客舱垃圾，整理好安全带、头片，座椅靠背竖直。

(9) 协助老师收拾道具。

(10) 积极参与，认真练习。

第三节 服务敬语

一、10字礼貌敬语

您好！请！谢谢！对不起！再见！

二、各种环境场合使用的礼貌用语练习

(1) 迎送客时，要有欢迎和祝福语。

您好！欢迎登机！

早上(中午、下午、晚上)好！

请跟我来，我来帮您找座位，好吗？

您好！请往里边走。欢迎您再次乘坐×航的班机。

很高兴又见到您！

希望再次见到您！

祝您一路顺风！再见！

(2) 节日期间。

××节快乐！＋各种节日用语。

(3) 让对方说话、行动时。

请说、请问、请回答、请坐、请帮我……、请把……、我能帮您……

(4) 对方说话、行动完毕时。

明白、谢谢！

多谢！

好的、没关系。

不必客气。

当然可以、请稍等、马上来。

(5) 无法及时回答对方问话时。

很抱歉，请稍等片刻再给您回复好吗？

很抱歉，请稍等片刻，我请更熟悉这方面的人士给您答复好吗？

(6) 受到批评时。

谢谢您的教导，我会马上改正的！

(7) 工作失误时。

对不起！这是我工作上的失误，请您原谅！

对不起！给您（或大家）带来了麻烦，请您原谅！

请您再给我一次改正的机会好吗？

(8) 征求或询问客人意见时。

请问您希望怎么办？

请问，您的意思是……

请问我能为您做些什么？

请问您还想了解什么吗？我们很乐意为您提供。

对不起！您看怎么办更好？

您需要我做些什么？您需要我帮忙吗？

我还能帮您做点儿什么吗？

(9) 不能满足客人合理需求时，要有抱歉语。

对不起！这样恐怕不太好。

对不起！我不太清楚，但我可以帮您问一问。

对不起！我们暂时还不能满足您的愿望，但我们会把您的意见反映给相关部门。

对不起！我再帮您想别的办法。

很抱歉！今天准备的橙汁（牛扒）已经送完了，芒果汁（鸡扒）味道也很不错，您要不要尝试一下？

(10) 对于客人给你的帮助或服务肯定时，要表示感谢。

谢谢！没关系，这是我应该做的。

为您服务是我们的荣幸！

非常感谢您对我工作的肯定，我会继续努力的！

谢谢！非常感谢您的配合。

(11) 客人提出意见或向客人表示歉意时。

对不起！打扰了。

您对我们的服务满意吗？欢迎您提出宝贵的意见。

对不起！我们一定会努力改进的。

对不起！我会把您的要求向相关部门进行反馈，我们将会给您满意的答复。

对不起！非常抱歉！

十分抱歉！请原谅。

对不起！请您谅解。

(12) 给予客人帮助时。

请让我来帮助您吧！

请问我还有哪些地方说得不够清楚，我可以再说一遍！

对不起！您还需要什么？

请问需要我帮忙吗？

对不起！让您久等了。如果您需要什么帮助，请您及时告诉我。

(13) 要学会赞美客人。

我非常羡慕您！

您非常专业！

您真幽默！

您的孩子真可爱！

您看上去非常精神！

您很有品位！您穿的衣服颜色很好看！

您看上去很年轻！

您的选择是对的！

您说话总是很得体！

(14) 要记住服务中禁忌使用以下词汇。

喂！叫什么。

别叫，等一下。

少啰唆，快点讲。

不知道，别问我。

你问我，我问谁？

不是我办的，我不知道。

烦死了。

别急，我正忙着呢。

谁办的事你找谁去。有意见你找领导。

我就这个态度怎么样？你找谁都没用。

你问我干吗……这不是我管的。有本事你就去投诉，还怕你不成。

第四节 广播词

以下广播词内容是完成服务工作模拟训练的重要组成部分，要求学生认真学习，熟练掌握，达到准确流利通读全文的目标。

一、欢迎词（关闭舱门广播）

女士们、先生们：早上／下午好！

欢迎您选乘CA1501/CA1301航班前往上海／广州。现在机门已经关闭，根据民航法规定，为了避免干扰驾驶舱的飞行系统，请确认手机及其他便携式电子设备调成"飞行模式"状态。

现在客舱乘务员进行安全检查，请您在自己的座位上坐好，系好安全带，调直座椅靠背，扣好小桌板，拉开遮光板，通道上及紧急出口处禁止堆放行李。

祝愿您旅途愉快！谢谢！

Good (morning/ afternoon), Ladies and Gentlemen:

Welcome aboard flight CA1501/CA1301 to SHANG HAI/ GUANG ZHOU. Please ensure that mobile phones and other portable electronic devices are switched to flight mode. According to the CAAC regulations they must now be switched off.

Flight attendant will start safety checks. Please be seated and fasten your seatbelt. Seat backs and tables should be returned to the upright position. Please draws open the sun-shading boards and keep the aisle and the exits clear of baggage.

Have fan in trip, Thank you!

****

二、起飞后

女士们、先生们：

我们的飞机已经离开北京前往上海／广州，由北京到上海／广州的飞行距离是_____公里，预计空中飞行时间___小时_____分钟。预计到达的时间为___时_____分。

为了保证飞行安全，请您全程将手机调至飞行模式，我们的航班全程禁止吸烟。在飞行途中，会遇到不稳定气流，为了您的安全，请在座位上休息时，系好安全带。

稍后，我们的乘务员将会为您提供多种冷热饮料和早餐／午餐／晚餐／夜宵／轻正餐／小吃／快餐／点心／早午餐，希望您能喜欢。

我们愿与您共同度过一段愉快的旅程。

谢谢！

餐别中英文对照

早餐　Breakfast

午餐　Lunch

晚餐　Dinner

夜宵　Supper

轻正餐　Light Meal

小吃　Snack：饼干、花生

快餐　Refreshment：三明治、烧饼、汉堡

点心　Refreshment

早午餐　Brunch

Ladies and gentlemen:

Our plan has left _____ for _____. The distance between ___ and ____ is ____ kilometers and the flight time is ____ hour(s) and ____ minutes.

We are expected to arrive at our destination at about ____ (AM/PM).

All mobile phones are switched to flight mode at all times, smoking is not permitted in the flight for your safety, always keep your seat-belt fastened while seated in case of turbulence.

In a few moments, the flight attendants will be offering you hot and cold drinks, as well as breakfast/lunch/dinner/supper/light meal/snack/refreshment/brunch. We'd like to wish you a pleasant journey.

Thank you!

****

三、航线介绍

1. 黄河

女士们、先生们：

我们的飞机正在飞跃黄河，黄河是我国第二大河，发源于青海省巴颜喀拉山北麓，流经青海、四川、甘肃、宁夏、内蒙古、陕西、山西、河南、山东九个省（自治区），在山东注入渤海，全长5464公里。

谢谢！

Ladies and Gentlemen:

We are now flying over the Yellow River, the second major river in China. Originating from the northern slope of the Bayankela mountains, it flows through Qinghai, Sichuan, Gansu, Ningxia, Inner mongolia, Shaanxi, Shanxi, Henan and Shandong provinces, finally reaching the Bohai Sea, 5464km away.

Thank you!

****

2. 长江

女士们、先生们：

我们的飞机正在飞跃长江，长江是我国第一大河，发源于青藏高原唐古拉山脉，流经青海、西藏、四川、云南、重庆、湖北、湖南、江西、安徽、江苏、上海11个省（直辖市、自治区），在上海注入东海，全长6380公里。

谢谢！

Ladies and Gentlemen:

We are now flying over the Yangtze River, the longest river in China. Originating from the Tanggula mountains, it flows through Qinghai, Xizang, Sichuan, Yunnan, Chongqing, Hubei, Hunan, Jiangxi, Anhui, Jiangsu and Shanghai provinces, finally reaching the East China Sea, running 6380km.

Thank you!

****

四、开餐广播

女士们、先生们：

现在我们将为您提供(正餐、早餐、点心)及饮料，请您放下小桌子，为了方便其他旅客，请您调直座椅靠背。同时还为您准备了茶水、咖啡(啤酒)及其他饮料，欢迎您选用。

谢谢！

Ladies and Gentlemen:

We will soon be serving (dinner/breakfast/snack), please put down the table in front of you Seat Back should be returned to the upright position. You are welcome to take your choice.

Thank you!

****

五、着陆前 (30 分钟)

女士们、先生们：

我们的飞机大约在三十分钟后到达上海 / 广州机场。根据最新收到的天气预报，上海 / 广州的天气晴 (阴、雨、小雪、大雪)，地面温度 25 摄氏度 / 77 华氏度。

飞机已经开始下降，请您调直座椅靠背，放下座椅扶手，收起小桌板，系好安全带，坐在靠窗的旅客请协助打开遮光板。为了避免干扰飞行系统，请确认个人电脑等电子设备仍然处于"飞行模式"状态。

谢谢！

Ladies and Gentlemen:

We will be arriving at the Shanghai/Guangzhou airport in 30 minutes. It is clear (cloudy/ snowy/ rainy/ windy) in and the temperature is 25 degrees Centigrade or 77 degrees Fahrenheit.

As we prepare for landing, please fasten your seatbelt and ensure that your table and seatbelt to the upright position. And open the window shads. Please made sure that all electronic devices must be in the flight mode at this time.

Thank you!

****

六、着陆后

女士们、先生们：

我们的飞机已经抵达上海 / 广州机场。

根据最新收到的天气预报，地面温度 25 摄氏度 / 77 华氏度。

飞机还将滑行一段距离，请您系好安全带在座位上耐心等候，请在安全带灯熄灭之后再打开手机，并小心开启行李箱，以免行李滑落。

感谢您选乘我们航空公司的班机，我们期待与您下次旅途再会。

谢谢！

Ladies and Gentlemen:

We have just landed at Guangzhou/Shanghai airport, the temperature is 25 degrees Centigrade or 77 degrees Fahrenheit.

Please remain seated with your seatbelt fastened and luggage stowed. The use of mobile phone is prohibited until the seat belt sign is turned off. And we remind you to use caution when opening the overhead compartments.

Thank you for flying with us. We are look forward to see you again.

Thank you!

****

七、安全演示

1. 救生衣

女士们、先生们（30°鞠躬），现在客舱乘务员向您介绍救生衣（右手举起救生衣，与眼部平行）、氧气面罩、安全带的使用方法和紧急出口的位置。

We（左手"握住"救生衣下面的带子）will now explain the use of the life vest, oxygen mask, seatbelt and show you the location of the emergency exits.

救生衣在您座椅下面的口袋里，使用时取出，经（开始穿）头部穿好。

Your life vest is located under your seat. To put the vest on, slip it over your head.

将（手指向下，掌心向外拉紧带子）带子从前向后扣好系紧（适当整理）。

Fasten the buckles and pull the straps tightly around your waist.

然后打开（掌心向外，手指向上伸直，抓充气手柄，双手向下拉两次）充气阀门，但在客舱内不要充气。

To inflate, pull（双手再次向下拉两次）down firmly on the tabs, but do not inflate the vest in the cabin.

充气不足时，请将救生衣上部的两个人工充气管拉出（双手取出人工充气管），用嘴向里吹气（先右后左）。

If your vest needs further inflation, you can pull out(双手取出人工充气管)the mouth pieces from either side of the upper part of the vest and blow(先右后左)into the tubes.

2. 氧气面罩

右手拿氧气面罩，双手放在身体两侧准备。

氧气面罩储藏（面罩口向外举起放到右侧行李箱底边处）在您座椅上方，发生紧急情况时面罩会自动脱落（夹住氧气管将面罩自动落下）。

氧气面罩脱落后，请用力向下拉面罩（左手轻拉两下，手保留在面罩处）。

将面罩罩在口鼻处（左手将面罩罩在口鼻处），将带子套在头上（做右手手背向外将带子套在头上的动作）进行正常呼吸。

（左手拿氧气面罩，双手放在身体两侧准备）

Your oxygen mask is located(面罩口向外举起放到左侧行李箱底边处)in a compartment above your head. It will drop(夹住氧气管将面罩自动落下)automatically if oxygen is needed.

Pull (右手轻拉两下，手保留在面罩处)the mask firmly toward you to start the flow of oxygen.

Place the mask over (左手将面罩罩在口鼻处)your nose and mouth and slip(做右手手背向外将带子套在头上的动作)the elastic band over your head. Within a few seconds, the oxygen(摘下氧气面罩放下，同时拿起安全带，其大头放在右手)will begin to flow.

3. 安全带

在您座椅上有两条（两臂伸直托起安全带）可以对扣起来的安全带，将带子插进（对插展示）带扣，然后拉紧（四指在外伸直朝下，大拇指在内）。当您入座时，请您系好安全带。（手放下解开安全带）

There are(两臂伸直托起安全带)two pieces of belts on your seat. To fasten the belt, slip (对插、展示)it into the buckles and pull tightly.(四指在外伸直朝下，大拇指在内)(放下安全带，双手下垂站好)

4. 紧急出口

本架飞机共有8个紧急出口，分别位于前部（双手手心向内侧指机头方向）、后部（双手手心向内侧指向客舱尾部）、中部（手臂不动，双手向外分开），请不要随意拉动紧急窗口的手柄。

There are 8 emergency exits on this aircraft. The exits are located in the front(双手手心向内侧指机头方向), the rear(双手手心向内侧指向客舱尾部)， and the mid-cabin(手臂不动，

双手向外分开)。

在客舱通道及出口处还有紧急照明指示灯(右脚向前迈半步,同时弯腰用右手从前向后滑动,然后退回),在紧急脱离时,请按指示路线撤离。

In the event of an evacuation emergency (右脚向前迈半步,同时用右手从前向后滑动,然后退回), floor lights will illuminate a darkened cabin. Lead you to these exits.

5. 安全须知

在您座椅背后的口袋里备有说明书(右手拿起须知下 1/3 处,四指在前拇指在后,手臂自然平行伸出),请您尽早阅读(自左向右滑动)。

There is a leaflet of safety notice to passengers in the seat pocket in front of you(右手拿起须知下 1/3 处,四指在前拇指在后,手臂自然平行伸出), please read it carefully as soon as possible(自左向右滑动).

演示完毕,女:双手横拿须知,放于身前;男:双手放在身体两侧,等待致谢。

Thank you!(鞠躬,拿上所有物品回厨房)

第五节　安全演示物品

安全演示物品如图 8-3 所示。

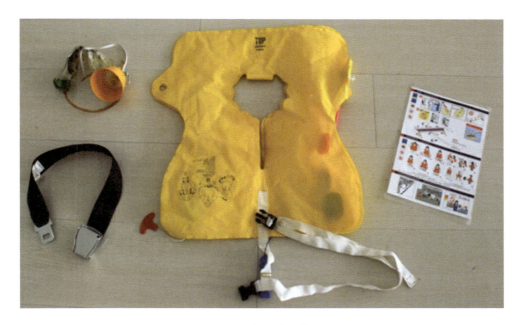

图 8-3　安全演示物品

练习题

1. 乘务员服务工作四个阶段由哪几项组成？
2. 与乘客确认紧急出口座位应在哪个阶段完成？
3. 叙述操作"滑梯预位"正确的口令。
4. 叙述操作"解除滑梯预位"正确的口令。
5. 男女学生参加客舱模拟训练，发型有哪些要求？
6. 请写出10字礼貌敬语。
7. 客舱模拟训练课程结束后，最后一组同学应做好哪些工作？

第九章
对高端乘客的服务

　　开启尊贵之旅,头等舱的旅程体验永远让人值得期待。为此世界各国航空公司致力于做到在乘客搭乘的每一个头等舱航班上都能拥有无与伦比的飞行体验——为乘客提供机上最优质、热情的服务和舒适、愉悦的旅程体验。

世界各家航空公司为了争取每一位高端客源，都在努力推出独具特色、高品位的头等舱服务，旨在为贵宾乘客打造一个祥瑞而自由的空间，打造一个尊贵而高尚的所在，通过国际一流的硬件设施和全程的个性化服务，为头等舱乘客营造尊贵、私密、独享的高品位里程。从古典优雅或豪华富有时代气息的设计、梦幻灯光技术选材、精致美观的餐具和美味食品的搭配，到每一件服务用品精心配置及班机时刻编排，无不体现出对贵宾的重视与尊敬。航空公司秉承发自内心的尊敬、真诚热情的沟通、精细专业的服务、无微不至的关注等服务理念，诠释了服务至高境界的内涵，用不断提升服务品质的实际行动，为尊贵之旅精心设计富有人性化的全套服务计划，期待全球高端乘客踏上尊贵之旅。竭诚为航空公司尊贵乘客营造美好独特的空中旅行体验是当今所有航空公司努力奋斗的目标。航空公司欢迎每一位贵宾，如图9-1所示。

图 9-1　欢迎尊贵乘客

第一节　对高端乘客的标识

一、高端乘客身份注解 (VVIP/VIP/CIP)

高端乘客的身份可以分为以下三类。

（1）VVIP：包括中央政治局候补委员、国务委员、副总理、最高人民检察院检察长、最高人民法院院长、全国人大常委会副委员长、全国政协副主席、中央军委委员以上职务的重要旅客，以及外国国家元首、政府首脑、国家议会议长、联合国秘书长。

(2) VIP：包括省、部级(含副职)以上负责人；军队在职的正军职、少将以上负责人；公使、大使级外交官；由部、委以上单位或我驻外使、领馆提出要求按重要乘客接待的客人。

(3) CIP：重要商务客人。

二、高端乘客的标识与英文代码

(1) VVIP：Very very Important Passenger。

(2) VIP：Very Important Passenger。

(3) CIP：Commercial Important Passenger。

第二节　高端乘客的需求

一、心理需求

高端乘客由于身份和社会地位所致，自我意识强烈，希望得到应有的尊重和高度重视。与普通舱乘客相比较，他们更为关注环境的舒适和优雅，更为关注服务品质与态度，他们在享受服务的同时心里却悄悄地和其他航空公司机上服务做对比。高端乘客平均每年乘坐飞机的概率很高，具有多次旅行的体验和经历，对全球各大航空公司的服务评价有着深刻的感受。他们最有发言权，如果稍加遇到不满便很容易出现抱怨。由于高端乘客身份不同，在他们之间心理需求、生活习惯又有很大差异，因此做好高端乘客的服务，是一件极不容易的事情。

有些两舱的高端乘客身兼要职，在政界、商界或其他领域已经获得了相当高的地位，几乎养成了别人毕恭毕敬地与他们交流和提供服务的习惯，习惯于接受彬彬有礼、丝丝入扣的服务细节，要求乘务员所提供的服务细致而又专业，不允许有丝毫的差错，这些要求简单到站立、一举手、一投足，甚至一个眼神都非常在意。

具体举例如下。

官员：希望得到人们的敬仰，希望认知他们的权威和地位。

商人：希望不被打搅，适时周到的服务是他们最最需要的。

学者：希望认知他们的学识。

名人：希望得到更多的关注。

会员升舱：怕受到冷落。

二、服务需求

高端乘客由于有强烈的自尊和自我意识、优越感、特权感，傲慢，希望得到尊重，要求环境雅致温馨，休息时保持安静不被打扰，娱乐时轻松愉快，用餐时随叫随到。要求乘务员要充分认识到高端乘客在社会群体当中的阶级层面，他们是社会的精英，是社会的高端人士，要显示出他们处处与众不同和尊贵。要求两舱乘务员应具备的心理素质：谦卑、崇敬、尊敬、热情、坦诚、赞许、殷勤。图 9-2 所示为乘务员精心为高端乘客服务。

图 9-2　精心为高端乘客服务

为高端乘客服务的特点如下。

(1) 尊贵、优雅。

(2) 精致、精准。

(3) 细微、周到。

(4) 个性、温馨。

练习题

1. WIP/VIP/CIP 分别代表什么含义？
2. 高端乘客的心理需求是什么？
3. 高端乘客的服务需求是什么？

第十章
两舱环境的介绍

　　头等舱是大多数民航客机里最豪华的一个等级舱位,通常设置在飞机的前部。
　　世界各大航空公司为了争取留住更多高端客源,不惜余力地投放巨额资金,改造头等舱环境,并纷纷拿出自己的绝活,为高端乘客营造更舒适、更优雅的环境,打造更尊贵、私密、独享的私人空间。从地面高效的服务准备到机上为乘客精心设计的服务计划,追求每一个细节且做到尽善尽美,已成为全球航空公司在头等舱航班上相互竞争的手段。如图10-1所示为头等舱座椅。

图 10-1　头等舱座椅

第一节　德国汉莎航空公司

一、机上头等舱和地面头等舱乘客休息厅

机上头等舱拥有超大私人空间，229 厘米的超大座位间距加上可调式隔板，保证机上乘客休息时不被打扰，座椅上配备电源接口，方便乘客使用手提电脑。汉莎航空是全球首家为头等舱乘客设立专门候机厅的航空公司。无论头等舱乘客抵达法兰克福还是慕尼黑，都会享受抵达服务，并在头等舱候机厅休息、梳理。汉莎航空在法兰克福拥有占地 1800 平方米的专用头等舱候机楼和头等舱休息室。候机楼的氛围类似于豪华酒店。头等舱客人可以享受私人办公室，个人助理可以在客人的整个停留期间在绝对私密的环境下为其提供服务。

二、服务特点

- 设有机场和饭店、市区间的免费接送车辆。
- 专用的登机手续柜台。
- 托运行李重量限制较为宽松。
- 抵达目的地时可优先提取行李。
- 优先使用快速通关道。
- 单独的安检通道。
- 专用的候机室（原则上候机室内的饮食不收费；浴室和按摩服务也是免费提供的）。
- 由专属的登机廊桥优先登机、下机。

第二节 美国航空

虽然在国内航线的顶级舱位(在北美称为"头等舱")相当常见,但绝大多数美国的航空公司(除了美国航空和联合航空)和许多其他国家的航空公司一样,完全取消了国内航线头等舱的设置,只提供相当于国际航线第二等级的商务舱标准,作为执行国内航线上顶级的舱位。

一般来说,头等舱与商务舱之间用帘子隔开。美国的航空公司为了安全起见,将隔离间纷纷移除或是改用透明隔离间。

国际航线的头等舱比商务舱要高级。国际航线商务舱通常设有40～100个座位,而头等舱只设有8～16个座位,因此头等舱的票价相当昂贵。票价最便宜的经济舱的乘客通常有机会免费升等至商务舱,但想升等至头等舱的乘客必须全额付费,所以头等舱受到的高级别、高礼遇的待遇,远远超过商务舱。

第三节 中国国际航空

国航为了提高两舱服务品质,于2005年起先后投入6.88亿元改造了15架远程宽体客机,将客舱设施标准提升到国际一流水平,并精心设计了全流程服务,结合中国古代宫廷文化中的精髓,打造出全新的紫金头等舱、紫宸商务舱品牌。目前,国航陆续在北京—纽约(CA981/2)、北京—洛杉矶(CA983/4)、北京—法兰克福(CA931/2、CA965/6)、上海—法兰克福(CA935/6)等13条航线推出了豪华头等舱、豪华商务舱专享服务。全新的品牌服务使来往于中国与欧美之间的乘客可在万米高空中感受到前所未有的舒适与惬意,在经过长途飞行后仍然可以以饱满的精神投入工作与生活中。

一、头等舱和商务舱

(1) 豪华头等舱的座椅是一个由隔板环绕而成的私密的、舒适的独立包厢。

座椅集办公、交流、娱乐、休息于一体,具备平躺、斜靠、起飞三个挡位。座椅可展开成180°,成为一张长190厘米、宽70厘米的完全平放的空中睡床。豪华商务舱座椅仰角最大可达170°,座椅长190厘米、宽54厘米。在豪华头等舱、商务舱的舱内配有多制式电源插座,方便手提电脑的使用;并安装有动态灯光系统,又可称之为梦幻灯光,可根据乘客需要对灯光的颜色、亮度等进行调节,变换出日出、日落、夜晚、黎明等多种色彩不同的场景；还装备了先进的具有数码音频、视频点播功能的娱乐系统，每位乘客的座椅前有一个 10.4 英寸的液晶显示屏，并有定期更新的 60 部 DVD 影片、98 盘 CD 音乐及多种电子游戏供乘客选择。

（2）国航于 2009 年 1 月 1 日起，凡是从首都机场 3 号航站楼出发，搭乘国航北京始发/到达欧美航线之豪华头等舱及商务舱的乘客，均可选择全流程尊贵服务并且享受免费搭乘电动车至登机闸口之服务。至此，国航豪华头等舱和商务舱全流程尊贵服务已多达五项。

二、服务项目

1. 免费豪华房车接送服务

免费享受北京首都国际机场/上海浦东、虹桥机场与市区间的豪华商务车接送服务。

2. 免费豪华中转酒店服务

凡购买国航北京或上海中转联程的豪华头等舱旅客可免费享受五星级中转酒店服务，豪华商务舱乘客可免费享受中转四星级酒店服务。

3. 机场全程引导服务

在北京首都国际机场/上海浦东、虹桥机场完成登机手续后，国航会安排专人引导旅客通过联检通道；乘客办理完联检手续后，工作人员引导乘客到休息室候机。

如乘客乘坐航班到达北京首都国际机场/上海浦东，国航将安排专人于登机闸口或摆渡车入口处举牌迎接，引导乘客通过联检通道；乘客办理完联检手续后，将乘客送至豪华车接送指定地点。

4. 电动车服务

当航班开始登机时，乘客在工作人员的引导下可乘坐电动车到登机闸口登机。

5. 精致菜肴、点菜服务

在北京始发之航班上配有 18 种精选佳肴，包括全聚德烤鸭、甜羹、烤麸、盖浇饭等特色中餐，还备有鱼子酱、哈根达斯雪糕、各种芝士和蛋糕等供旅客选择，更在北京—纽约（CA981/2）、北京—法兰克福（CA931/2、CA965/6）等航线提供点菜服务。

头等/商务舱休闲服、一次性鞋袋、卫生间服务用品分别如图 10-2 ～图 10-4 所示。

图 10-2 头等/商务舱休闲服

图 10-3 头等/商务舱一次性鞋袋

图 10-4 头等/商务舱卫生间服务用品

三、背景资料

航空公司专门为豪华头等舱、豪华商务舱编排班机时刻表，如图 10-5 所示。

航线	紫金紫宸服务航线	航班编号	机型	紫金头等舱	紫宸商务舱
中美	PEK-NYC-PEK	981/2	747	有	有
	PEK-LAX-PEK	983/4	747	有	有
	PEK-SFO-PEK	985/6	747	有	有
中加	PEK-YVR-PEK	991/2	330	无	有
中德	PEK-FRA-PEK	931/2	747	有	有
		965/6	330	无	有
	PVG-FRA-PVG	935/6	340	有	有
	PEK-MUC-PEK	961/2	330	无	有
中法/中希	PVG-PEK-PAR-PEK-PVG	933/4	340	有	有
	PEK-PAR-ATH-PAR-PEK	963/4	330	无	有
中英	PEK-LON-PEK	937/8	330	无	有
中意	PEK-ROM-PEK	939/40	330	无	有
	PVG-MIL-PVG	967/8	340	有	有
中西	PEK-MAD-PEK	907/8	330	无	有

图 10-5 头等/商务舱航线时刻表

第四节 两舱环境

一、座椅

对于许多人来说，搭乘头等舱最大的好处就是座椅宽大舒适，有足够的活动空间。特别是远程的航线更凸显它的优势，头等舱座椅椅背通常有 50～80 英寸的前后移动空间，有些航空公司（如中国南方航空、阿联酋国际航空和新加坡航空）可提供私人套房。个人套房多半出现在 A380 的班机上。由于航空公司以及飞机型号的不同，头等舱座椅共有以下四种。

1. 标准座椅 (Standard Seats)

椅背倾斜角度有限，但腿部空间仍相当大，依然非常舒适。

2. 平躺座椅 (Lie Flat Seats)

广告上声称可以倾斜至 180°（或将近 180°），但实际上倾斜的角度过大，乘客不易入睡。座椅相当舒适，所以许多中远程的乘客喜好此种座椅。

3. 床式座椅 (Flat Bed Seats)

能倾斜至 180°，也附有小床单，当床或座椅都相当舒适。于 1996 年由英国航空的座椅制造商 Contour Premium Aircraft Seating 设计。

4. 迷你套房 (Mini-suite)

附有床、工作台以及电视等多功能设施。现在越来越多的航空公司开始提供这样的座椅。

(1) 每个头等舱套房都拥有情景照明设备、行李放置空间和个人衣橱。座椅可放置为 180°平躺床，并配有柔软的床垫。而在 A380 的豪华套房中，睡床甚至是单独设计而非由座椅展开。

(2) 头等舱座椅能转换成一张 2 米长的睡床，甚至还具有腰部按摩功能。机上娱乐系统强大，从游戏到最新的国内外电影无一不齐备。套房内都安装有 23 英寸的液晶宽屏，乘客可以尽情享受新航著名的机载娱乐系统"银刃世界 (Kris World)"。

二、用品

(1) 专用的头等座舱，独立的空间（商务舱及经济舱的乘客不可随意进入）。

(2) 可转换成平躺床的座椅。

(3) 提供羽毛棉被及睡衣。

(4) 高质量一次性拖鞋。

(5) 专属配置空中乘务员。

(6) 专用的头等舱盥洗室。

(7) 提供丰富多彩的机内娱乐项目。

(8) 充分享受各种特级酒类及非酒精的饮料。

(9) 使用精致玻璃、瓷器、不锈钢器皿盛装。

(10) 提供优质的餐品、酒类、甜点以及开胃酒。

(11) 供餐时桌面铺有航空标示专属的桌布和餐巾。

三、洗漱用具

头等舱提供菲拉格慕(Ferragamo)公司设计的个人洗漱套装包。

(1) 男士用品包括菲拉格慕系列 In canto 男士香水、最新托斯卡纳阳光(Tuscan Soul)系列护唇膏、护手霜、新航刮胡刀与须后水。

(2) 女士用品除香水和护唇膏外，还提供身体及手部护肤霜。

(3) 头等舱乘客可随意使用摆放在盥洗室内的来自宝格丽(Bvlgari)的护肤品。

机上提供的洗漱套装包内的护肤品均为碧欧泉系列。在过去的历史中，头等舱相当昂贵，但是近年来，商务舱或经济舱的乘客可使用飞行奖励里程或付费升等至头等舱。远程的头等舱来回票价通常都超过11000美元，与商务舱(2000～6000美元)和经济舱(1000美元)的票价大相径庭。如图10-6所示为头等/商务舱服务用品。

图 10-6 头等/商务舱服务用品

四、地面服务

头等舱客人只要到达机场，就有专门工作人员帮助搬运行李，办理值机手续，陪伴旅客完成每一道程序直到最后登机。登机及到达时均有专车等候。航空公司会提供全套精心设计的个性化服务。各家航空公司头等舱座椅，如图 10-7～图 10-13 所示。

图 10-7　大韩航空头等舱座椅

图 10-8　中国南方航空头等舱座椅

图 10-9　国航豪华头等舱座椅

图 10-10　外航头等舱座椅 (1)

两舱环境的介绍 第十章

图 10-11　外航头等舱座椅 (2)

图 10-12　外航头等舱座椅 (3)

图 10-13　新加坡豪华头等舱座椅

练习题

两舱与经济舱环境有哪些区别？

第十一章
两舱的供酒知识

　　酒的文化源远流长，自从世界上有了酒，便有了酒的文化。关于酒的起源至今尚未确切考证过，但是有很多美好的传说，比如"酒自仪狄、杜康始"就是其中之一。本章重点介绍航空公司在国际班机上为高端乘客提供的酒类服务及供酒基本常识。

第一节 酒 文 化

一、酒的起源

1. 中国古代传说

"酒自仪狄、杜康始",把仪狄、杜康作为酒的发明者,其实仪狄、杜康是我国古代著名的酿酒师,并不是酒的发明者,古人甚至以"杜康"作为酒的代名词。三国时期,曹操有诗云:"何以解忧?唯有杜康。"古人还把酒称为"琼浆、玉液",更有无数的诗人用诗词歌赋来抒发他们对酒的特殊情感,如"葡萄美酒夜光杯";"对酒当歌,人生几何";"白日放歌须纵酒,青春做伴好还乡";"酒逢知己千杯少";"明月几时有?把酒问青天"。这些千古流传的诗句体现了诗人对酒的挚爱,充满着浪漫情怀。

2. 西方传说

古代埃及人认为,酒是死者的庇护神"奥西里斯"(Osiris)首先发明的,用酒可以来祭祀先人,超度亡灵。

3. 古代美索布达米亚推崇"诺亚"(Noah)为酿酒始祖

传说中的酒神都是人们所挚爱和尊敬的神灵。

酒在整个人类发展进程中又代表着一个民族的文化和骄傲。比如:中国著名的茅台酒、法兰西的香槟酒、英国苏格兰的威士忌等。

二、酒的作用

(1) 酒最突出的一个功效是可以造成人与现实利害之间相隔离,开辟出另一个无形的通道,把人引渡到没有沉渣的彼岸,在那里人的个性和艺术的个性都得以保全。

(2) 酒在现实中的运用,涉及政治、军事、经济、哲学、文学、艺术、旅游、交际、医药卫生等各个领域。

① 国宴、合同签约、签字仪式上通常用香槟酒,象征着双方合作成功。

② 军事上,战前喝酒,可以壮胆,又叫作壮行酒,所以出现了"武松打虎,三碗不过冈"和"酒壮怂人胆,醉打金枝"的动人故事。

③ 婚宴、家宴、朋友聚会、祭祀等活动中常用酒助兴或寄托哀思或借酒消愁,抒发感情,如"将进酒"歌。

④ 民族习俗上，如蒙古族迎客酒。

⑤ 医药上，"酒为百药之长"，这是我国古人对酒在医药领域应用的高度评价，尤其是各种药酒，更有"一人饮，一家无疫；一家饮，一里无疫"之说。可见，医学上对酒在医药方面实际应用的重视。

补充资料

李白咏酒的诗篇极能表现他的个性，思想内容更为深沉，艺术表现更为成熟。诗由黄河起兴，感情发展也像黄河之水那样奔腾激荡，不易把握。而通篇都讲饮酒，字面上诗人是在宣扬纵酒行乐，而且诗中用欣赏肯定的态度，用豪迈的气势来写饮酒，把它写得很壮美，也确实有某种消极作用，不过却反映了诗人当时找不到对抗黑暗势力的有效武器。酒是他个人反抗的兴奋剂，有了酒，像是有了千军万马的力量，但酒，也是他的精神麻醉剂，使他在沉湎中不能做正面的反抗，这些都表现了时代和阶级的局限。理想的破灭是黑暗的社会造成的，诗人无力改变，于是把冲天的激愤之情化作豪放的行乐之举，发泄不满，排遣忧愁，反抗现实。

故事：酒壮怂人胆，醉打金枝的故事

这个故事讲的是唐朝名将郭子仪的儿子郭暧在家宴后，借酒壮胆痛打老婆升平公主的故事。

升平公主嫁到郭家后，不改往日金枝玉叶的做派，动不动就发脾气。中国的传统公主是皇帝的女儿，是君，公婆虽然是长辈也是臣，所以那时郭子仪夫妇要反过来向公主下跪。平时郭暧在公主面前不敢造次。一天他多喝了几杯，立即要求公主遵守妇道，给郭子仪夫妇行下跪礼，但被严词拒绝，遭到当面训斥。于是这杯酒变成了壮胆药，他不顾昔日情分把升平公主拖回卧室暴打了一顿。之后升平公主立即回到皇宫娘家向爹爹代宗皇帝去哭诉，郭子仪知情后连忙把儿子捆起来送到皇宫请罪，一番调停下，小夫妻和好如初。郭暧为天下所有惧内的男人出了口恶气。

(3) 宗教差异。佛教、伊斯兰教认为酒是万恶之源，是罪恶的化身。

基督教认为葡萄酒是耶稣的血液，所以不禁酒，但不可酗酒，要有所节制。

总之，无论什么样的宗教信仰均有一个共同之处，就是把酒当作一种精神、非物质来看待。如英语中"精神"与"烈性酒"同为"Spirits"。

> **练习题**
>
> 酒在不同场合的作用分别是什么？

第二节　酒的基本知识

一、什么是酒

含有酒精的饮料就可称为酒。它包含酿造酒、蒸馏酒、配制酒、鸡尾酒、混合饮料，如图 11-1 所示。

图 11-1　酒

二、什么是酒精

酒精的化学名称是"乙醇"，无色透明，在室温下呈液态、易挥发、易燃烧，沸点为 78.3℃，冰点为 -114℃，不易感染，杀菌，刺激性较强。酒精可与水以任何比例混合，乙醇与水作用释放热量。当乙醇浓度为 53% 时，与水分子结合最紧密，刺激性相对较小。

三、酒精度数的表示方式

酒精在酒液中的比率便是此酒的酒度。例如，在常温下 20℃ 的 100 毫升酒液中含有 53 毫升乙醇，即该酒度数为 53°。酒的度数的标准表示方式：ALC 53% VOL。

四、酒的分类

1. 酿造酒

借助于酵母的作用，将原汁发酵后，进行直接提取或采用压榨方法而得到的酒称为酿

造酒 (Wine)。其度数通常在 ALC 3% ~ 18% VOL。常见的酿造酒有红白葡萄酒、啤酒、香槟酒、中国黄酒、日本清酒等。酿造酒制作流程如图 11-2 所示。

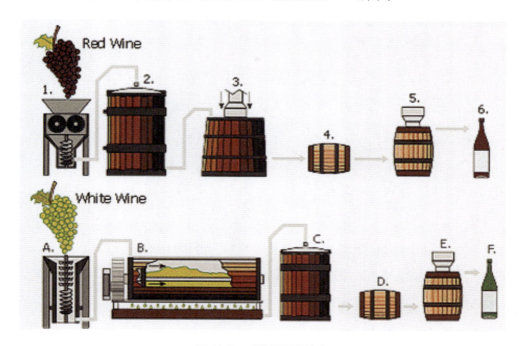

图 11-2 酿造酒制作流程

2．蒸馏酒

利用酒精比水沸点低的特点，对植物或粮食进行蒸馏、发酵或多次蒸馏后而得到的酒，称为蒸馏酒 (Spirits)。蒸馏酒的酒度较高，特别是经过一两次蒸馏后的酒。其度数通常为 ALC>24% VOL。常见的蒸馏酒有：中国白酒、白兰地、威士忌、伏特加、金酒等。

3．配制酒

配制酒系以不同的基酒，添加各种不同的材料配制而成。常见的配制酒有以下几种。

(1) 开胃酒 (Aperitif)：通常在餐前饮用，以助开胃。

(2) 甜食酒 (Dessert Wines)：因食用正餐最后一道菜——甜食时，饮用而得名。

(3) 利口酒 (Liqueur)：通常在餐后饮用，以助消化。

(4) 中国露酒：竹叶清、五加皮、莲花白、青梅煮酒。

(5) 中国药酒、保健酒。

4．基酒

基酒可以用酿造酒、蒸馏酒或中性食用酒精进行单一配制，也可以用几种酒混合配制，其品种繁多，风格各异，饮用的时机也不尽相同。通俗地讲，基酒就是用以调配鸡尾酒、混合饮料的酒。

五、酒的饮用方法

1. 直喝

通常用小杯，倒入（三盎司）原酒，直接饮用。在酒吧里常用"↓"符号表示。直喝(Straight)是中国人喝白酒的方式，是现代人饮酒的四种喝法之一。

2. 追水

追水(Chaser)是在直喝的基础上，另外再配一大杯饮料或低度酒，如果汁、啤酒。但是人们通常习惯与冰水同时饮用。

3. 加冰

加冰(On-the-Rock)先将冰块放入大杯内，再倒三盎司的原酒。

加冰，可加冰块或碎冰，加碎冰时通常用吸管饮用。

4. 加水

加水(With Water)是将适量的原酒加入大杯，再加冰水至七成。

练习题

1. 酒的定义是什么？什么是酒精？
2. 简述酒度的标准表示方式。
3. 简述酒的四种饮用方法。

第三节 鸡 尾 酒

一、鸡尾酒的起源与特点

（一）鸡尾酒的起源

鸡尾酒的起源已经无从考证，但有一点是可以肯定的，即它诞生于美国。最初的鸡尾酒是一种量很少的烈性冰镇混合饮料，后来经过不断发展变化，其定义变成：将两种或者两种以上的饮料通过一定的方式，混合成为一种新口味的含酒精饮品，称为鸡尾酒。

关于鸡尾酒一词的由来，众说纷纭，有许多不同的传说故事。有人说由于构成鸡尾酒的原料种类很多，而且颜色绚丽、丰富多彩，如同公鸡尾部的羽毛一样美丽，因此人们将这种不知名的饮品称为鸡尾酒；有人说鸡尾酒 (Cocktail) 一词源于法语单词"Coquetel"，据说这是一种产于法国波尔多地区在过去经常被用来调制混合饮料的蒸馏酒；有人说这个词是悄悄出现在 20 世纪的斗鸡比赛中的，因为当时每逢斗鸡比赛都是盛况空前，获得最后胜利的公鸡的主人会被组织者授予奖品或者更确切地说是战利品——被打败的公鸡的尾毛。当人们向胜利者敬酒时，贺词往往会是："On the Cock's Tail！"

"鸡尾酒"一词首次出现是在 1806 年 5 月 13 日美国发行的一本杂志上，当时它是这样描述鸡尾酒的：鸡尾酒是一种由任意种类的烈酒、糖、水和苦酒构成的具有刺激作用的酒类。

经过两个多世纪的演变，今天，鸡尾酒不仅渗透到世界的每个角落，而且其新的内涵也得到了大家的共识。

（二）鸡尾酒的特点

鸡尾酒的特点是由任何种类的烈酒、果汁、奶油等混合而成的，含有较多或较少酒精成分的，具有滋补、提神功能，并能使人感到爽洁愉快的浪漫饮品。

鸡尾酒的四种基本调制方法为：摇和法 (Shake)、调和法 (Stir)、兑和法 (Build) 和搅和法 (Blend)。

配制一杯成功的鸡尾酒应色、香、味、形俱佳，犹如一首交响诗，讲究各个成分的整体和谐，而又各具特色。它可以在视觉和味觉上同时满足饮用者的不同需求。由于鸡尾酒调配好后量较少，饮用时间相对较短，所以俗称"短饮"。

橙花鸡尾酒 (Orange Blossom) 如图 11-3 所示。

图 11-3　橙花鸡尾酒

二、鸡尾酒的配制

(1) 鸡尾酒系用一种或几种酒为基酒，添加其他辅料，如饮料、调味品，用一定的方法调制而成的一种含酒精饮料。

(2) 特点：在视觉和味觉上同时满足饮用者的不同需求。

(3) 酒度：约 ALC 28% VOL。

(4) 俗称"短饮"。

三、混合饮料

(1) 混合饮料 (Mixed Drink) 是鸡尾酒的一种，与鸡尾酒不同之处是，单一的基酒和单一的配酒饮料混合并用一定方法调制而成，调制后有一大杯的量。

(2) 酒度通常在 ALC 8% VOL。混合饮料由于调配好后量较多，饮用时间相对较长，所以俗称"长饮"。

四、鸡尾酒配制的基本公式

大杯 + 冰 + 1.5 盎司基酒 + 配酒饮料至七成 + 搅拌棍 + 点缀物。

个别基酒 + 2 盎司，需要用摇酒壶操作。

五、配酒辅助饮料

(1) 苏打类：可乐、雪碧、苏打水、姜汁汽水、汤力水、柠檬汽水。

(2) 果汁类：橙汁、菠萝汁、番茄汁、柠檬汁。

(3) 矿泉水：血玛丽 (Bloody Marry)。

(4) 调味品：糖、盐、黑胡椒、辣椒油。

六、点缀物

（一）点缀物使用原则

(1) 无色或浅色的酒：使用柠檬、橄榄。

(2) 深色酒：使用橙子、樱桃。

(3) 色彩搭配并不固定，有时要根据客人的要求或因配酒辅料的不同，而进行适当更改。比如酒是浅色的，但辅料是橙汁，所以配的是橙片。

（4）材料有柠檬片、柠檬角、橘子片、橘子角、樱桃、橄榄、菠萝、芹菜。

（5）搅拌棍的使用：通常杯中有冰时，即需放置并适当搅拌。点缀物的使用如图 11-4 所示。

图 11-4　点缀物使用

（二）点缀物的制作

点缀物的制作有以下几种方法。

（1）横切：横向切成圆片，还可将圆片再切成半片，去除中间筋络，点缀于杯缘，或用酒针（机上可用牙签代替）与红樱桃或橄榄串在一起点缀杯中。

（2）竖切：竖切成 1/8 块，将角块两端去尖后，切一嵌口，嵌于杯缘上；或将果皮与果肉部分分离，呈重叠状，皮外肉内挂于杯缘上。

（3）柠檬马颈式削皮法：像削苹果皮似的将柠檬皮削成螺旋状，将一头挂于杯缘，其余置于杯中。

练习题

1. Straight、Cocktail 的中文意思是什么？
2. 什么是鸡尾酒？
3. 请写出配制混合饮料的基本公式。

第四节　世界著名品牌

一、啤酒

各国啤酒(Beer)如图11-5所示。

图 11-5　各国啤酒

(1) 中国啤酒：青岛 (Tsingtao)、燕京 (Yan Jing)。

(2) 德国啤酒：贝克 (Beck's)。

(3) 丹麦啤酒：嘉士伯 (Carlsberg)。

(4) 捷克啤酒：皮尔森 (Pilsner)。

(5) 荷兰啤酒：喜力 (Heineken)。

(6) 美国啤酒：米勒 (Miller)、百威 (Budweiser)、兰带 (Blue Ribbon)。

(7) 日本啤酒：朝日 (Asahi)、麒麟 (Kirin)、三德利 (Suntory)、札幌 (Sapporo)。

(8) 新加坡啤酒：虎牌 (Tiger Beer)。

(9) 菲律宾啤酒：生力 (San Miguel)。

（一）供酒温度

(1) 低、中级：4℃～5℃。

(2) 高级：8℃～10℃。

(3) 浓、黑啤酒：12℃～14℃。

（二）供酒方法

(1) 酒杯：大杯。

(2) 倒法：杯内 2/3 酒液、1/3 泡沫，泡沫要高出杯边但不能逸出。

啤酒提供方法如图 11-6 所示。

图 11-6　啤酒的提供方法

二、葡萄酒

（一）红、白葡萄酒

红、白葡萄酒 (Wine) 如图 11-7 所示。

(1) 美国加州索诺玛法定产区银矿木桶红、白葡萄酒，美国乔治品牌系列。

图 11-7　美国生产的红、白葡萄酒

(2) 世界上最著名的红葡萄酒产自法国的波尔多和勃艮第地区。

① 法国著名葡萄酒有拉菲传奇红葡萄酒、白葡萄酒、埃思杜耐尔红葡萄酒、波尔多红葡萄酒，如图11-8所示。

图11-8　法国著名的红葡萄酒、白葡萄酒

② 起泡葡萄酒：法国香槟酒(Champagne)。

香槟一词的来历：由于法国北部香槟地区生产的起泡葡萄酒最有名，所以人们习惯把所有的有泡葡萄酒都叫作香槟酒。而实际上只有法国香槟地区生产的起泡葡萄酒才能真正被称为香槟酒。而法国其他地区和其他国家生产的有泡葡萄酒则必须在前面说明产地，如中国香槟(Chinese Champagne)。

法国北部香槟地区生产的起泡葡萄酒如图11-9所示。

图11-9　法国北部香槟地区生产的起泡葡萄酒

(3) 世界上最著名的白葡萄酒产自德国的莱茵地区和摩塞尔地区，已经成为公认的极品，如图 11-10 所示。

① 冰白葡萄酒 (Rheinhessen)。

② 摩塞尔地区生产的白葡萄酒 (Mose)。

图 11-10　德国莱茵地区和摩塞尔地区生产的著名白葡萄酒

(4) 美国加利福尼亚州生产的著名桃红葡萄酒盖世峰 (Geyser Peak)，如图 11-11 所示。

图 11-11　美国加利福尼亚州生产的著名桃红葡萄酒

(5) 中国著名的葡萄酒品牌如图 11-12 所示。

① 山东张裕 (Chang Yu)。

② 河北长城 (Great Wall)。

③ 山东赤霞珠 (Cabernet Sauvignon Wine)。

④ 天津王朝 (Dynasty)。

⑤ 上海皇轩 (Imperial Couxt)。

⑥ 北京龙徽 (Dragon Seal)。

图 11-12　中国著名的葡萄酒品牌

（二）服务方式

供酒时机：酒与菜的搭配应首先根据客人的要求，如客人不能决定，乘务员可根据菜品的种类提出建议。

1. 无泡葡萄酒

无泡葡萄酒多以餐中酒的形式出现，法国人把一桌没有葡萄酒的饭菜比作"没有阳光的春天"。当然，葡萄酒与菜肴的搭配也很有讲究。

（1）白葡萄酒：佐以鸡肉（除酱油鸡）、鱼、海鲜、野味等肉色较浅的菜（白肉）。

（2）红葡萄酒：佐以牛肉、鸭子、奶酪、野味等肉色较深的菜（红肉）。

（3）桃红葡萄酒：由于其颜色介于红白葡萄酒之间，所以配菜时比较随意，如果没想好主菜吃什么时可尽管点用。

2. 有泡葡萄酒

（1）可在任何时机饮用。

（2）主要用在庆贺活动中。

（3）飞机上主要用来做迎客饮料。

（4）餐中饮用多视其为白葡萄酒。

（三）供酒温度

（1）白葡萄酒：10℃ ~ 12℃（放入冷风柜）。

(2) 红葡萄酒：16℃～18℃（室温）。

(3) 桃红葡萄酒：12℃～14℃（放入冷风柜）。

(4) 有泡葡萄酒：6℃～8℃（用冰块冰镇）。

（四）供酒量

提供时先让乘客品尝，根据乘客需求，通常倒入杯子的 1/2 量，如图 11-13 所示。

图 11-13　倒入酒量

三、著名的白兰地品牌

（一）法国北部夏郎德省干邑地区生产的干邑白兰地

(1) 人头马 Remy Martin 如图 11-14 所示。

图 11-14　法国生产的人头马白兰地

(2) 马爹利 Martell XO、Cordon Blue、Paradise、Vsop 如图 11-15 所示。

图 11-15　法国生产的马爹利白兰地

(3) 轩尼诗 Hennesy Richard、XO、Vsop 如图 11-16 所示。

图 11-16　法国生产的轩尼诗白兰地

(4) 金像 Otard 如图 11-17 所示。

图 11-17　法国生产的金像白兰地

(5) 拿破仑 Courvoisier 如图 11-18 所示。

图 11-18　法国生产的拿破仑白兰地

（二）服务方式

1. 饮用方式

(1) 直喝。

(2) 追水。

(3) 加冰。

(4) 基酒。

2. 皇家咖啡

(1) 标准调制方法：在咖啡杯内倒入热咖啡，在专用勺上放一块方糖，将白兰地滴在方糖上和勺内，将勺子平架在杯口上，送给客人前将白兰地点燃。饮用时，将勺子放入咖啡内轻轻搅拌。

(2) 机上调制方法：咖啡杯＋热咖啡＋几滴白兰地，将糖包和小勺放在杯垫上，通常不加奶，用于饭后。

（三）供酒时机

餐后直喝。

（四）提供方法

(1) 酒杯：白兰地专用杯。

(2) 供酒量：将酒倒入白兰地杯，把酒杯平倒在桌面上以液体不溢出为准。

(3) 饮用：将酒杯夹在中指和无名指根部，使全部手掌和手指与杯底抱住，用手的温度使酒杯和酒液升温，同时轻轻晃动酒杯，使酒液挂在杯壁上，飘出醇香气味。饮用前先用鼻子在杯口处深吸一口气，使酒香充满肺部。第一口喝掉一半，入口后保持在口腔内，让其顺着舌两侧慢慢滑入喉咙。再用同样的方法将余酒喝干，以此感受白兰地的醇香。

皇家咖啡 (Royal Coffee) 如图 11-19 所示。

图 11-19　皇家咖啡

四、著名的威士忌品牌

（一）著名品牌

1. 苏格兰尊尼获加威士忌系列

(1) 黑方威士忌 (Johnnie Walker Black Label)。

(2) 红方威士忌 (Johnnie Walker Red Label)。

(3) 蓝方威士忌 (Johnnie Walker Blue Label)。

(4) 金方威士忌 (Johnnie Walker Gold Label)。

(5) 尊爵极品威士忌 (Johnnie Walker Premier)。

苏格兰尊尼获加威士忌系列如图 11-20 所示。

图 11-20　苏格兰尊尼获加威士忌系列

2. 苏格兰威士忌

苏格兰威士忌 (Scotch Whisky) 如图 11-21 所示。

图 11-21　苏格兰威士忌

(1) 顺风 (Cutty Sark)。

(2) 珍宝 (J. & B.)。

(3) 金铃 (Bells)。

(4) 百龄坛 (Ballantine)。

(5) 芝华士 (Chivas Regal)。

(6) 皇家礼炮 (Chivas Royal Salute)。

(7) 老伯威 (Old Parr)。

(8) 白马 (White Horse)。

3. 爱尔兰威士忌

爱尔兰威士忌如图 11-22 所示。

(1) 尊占臣 (John Jameson)。

(2) 吉姆逊父子 (John Jameson & Son)。

图 11-22　爱尔兰威士忌

4. 美国威士忌

美国威士忌如图 11-23 所示。

图 11-23　美国威士忌

(1) 詹宾 (Jim Beam)。

(2) 杰克·丹尼尔斯 (Jack Daniel's)。

(3) 四玫瑰 (Four Rose)。

5. 加拿大威士忌

加拿大威士忌如图 11-24 所示。

(1) 加拿大俱乐部 (Canadian Club)。

(2) 士鉴特 (Seagram's V.O.)。

6. 英国女王威士忌

英国女王威士忌如图 11-25 所示。

图 11-24　加拿大威士忌　　　图 11-25　英国女王威士忌

（二）饮用方式

威士忌有如下几种饮用方式。

(1) 直喝。

(2) 加水。

(3) 加冰。

(4) 爱尔兰咖啡 (Irish Coffee)。

爱尔兰咖啡制作方法如下。

① 标准调制方法：在葡萄酒杯内放一块方糖，倒入热浓咖啡，加入 1 盎司爱尔兰威士忌，轻轻搅拌后，挤入奶油花，使奶油浮在咖啡上。

爱尔兰咖啡如图 11-26 所示。

② 机上调制方法：葡萄酒杯 +1 杯热浓咖啡 +1 盎司（爱尔兰）威士忌，根据客人的需要加糖和牛奶。

供酒时机：任何时候均可饮用。

图 11-26 爱尔兰咖啡

供酒方法：

① 直喝：使用小高脚杯或大杯。

② 加水：日本旅客较喜爱此种饮用方法。

③ 加冰——最佳饮用方式，如图 11-27 所示。

（三）供酒时机及方法

具体调制方法如下。

用两个大杯，一杯加冰后倒入 1.5 盎司威士忌，另一个倒一杯水，由客人根据自己的喜好调整浓淡。

简单方法：大杯 + 冰 +1.5 盎司威士忌 + 水至八分满 + 搅拌棍。

注意："加水"分为"Whisky'n Water"和"Scotch'n Water"等，主要区别在于对基酒的要求是否明确。

调制方法：威士忌古典杯（机上使用大杯）+ 半杯冰块 + 威士忌至冰面下。

饮用方法：用手轻轻摇动酒杯，使酒冷却，然后大口地喝。

特点：能使人在视觉、听觉、嗅觉和味觉等多种感觉上得到满足。

注意：一杯酒的饮用时间不宜过长，否则冰块融化会冲淡酒味。

图 11-27　加冰饮用方法

五、著名的伏特加品牌

著名的伏特加 (Vodka) 品牌，如图 11-28 所示。

(1) 莫斯科牌 (Mosko Vskaya)，俄罗斯质量最好的伏特加，分为红牌、绿牌。

(2) 苏红伏特加 (Stolichnaya)。

(3) 波兰伏特加 (Bolskaya)。

(4) 英国伏特加 (Vodka)。

(5) 苏格兰伏特加 (Grants Vodka)。

(6) 芬兰地亚 (Finlandia)。

图 11-28　世界著名的伏特加品牌

（一）饮用方式

(1) 直喝。

(2) 追水。

(3) 加冰。

(4) 基酒。

（二）供酒方法

(1) 快饮或叫干杯是其主要饮用方式，俄罗斯有"大口大口地喝伏特加酒，佐之以鱼子酱或熏鱼，直至一醉方休"的说法。

(2) 通常在快饮前，要将酒进行冰冻，即将酒液温度降到0℃以下，使之有一种"喝到嘴里冰冰凉，咽到肚里火辣辣"的刺激感。

(3) 如果作为餐中或餐后酒，以常温饮用即可。

六、著名的金酒品牌

著名品牌金酒(Gin)如图 11-29 所示。

图 11-29　世界著名的金酒品牌

（一）英式干金酒

(1) 哥顿(Gordon's)，英国的国饮，世界畅销第一的金酒。

(2) 英王卫兵金酒(Beefeater)。

(3) 英式添加利金酒(Tanqueray)。

(4) 苏格兰金酒 (Grants Dry Gin)。

(5) 英国伦敦干金酒 (London Dry Gin)。

（二）饮用方式

(1) 直喝。

(2) 加水。

(3) 基酒。

（三）供酒时机

多在餐前或餐后饮用。

（四）供酒方法

(1) 直喝以荷式金酒最常见。

(2) 饮用前需稍加冰镇。

(3) 使用小高脚杯或大杯。

（五）加水

以英式干金酒最常见，通常用此方法饮用时不加冰。

七、著名的罗姆酒品牌

著名的罗姆(Rum)酒品牌如图11-30所示。

（一）牙买加罗姆酒以浓醇而著称

罗姆酒共有以下几种品牌。

(1) 摩根船长 (Captain Morgan)。

(2) 密叶斯 (Myer's)。

(3) 皇家高鲁巴 (Coruba Royal)。

(4) 老牙买加 (Old Jamaica)。

(5) 古巴哈瓦那俱乐部 (Havana Club)。

(6) 跨国公司百加地 (Bacardi)。

百加地罗姆由法国的巴黎、波尔多，西班牙的马德里、巴塞罗那，美国的芝加哥、布法罗，古巴的马坦萨斯等城市组成。

图 11-30　世界著名的罗姆酒品牌

（二）饮用方式

(1) 直喝。

(2) 基酒。

八、著名的利口酒品牌

著名的利口酒 (Liqueur) 品牌如图 11-31 所示。

（一）香橙利口酒

香橙利口酒有法国君度 (Cointreal)。

（二）咖啡利口酒

咖啡利口酒 (Coffee Liqueur) 有墨西哥 Kahlúa。

（三）薄荷利口酒

(1) 法国 Get 27。

(2) 荷兰绿薄荷利口酒 (Peppermint Bols Crème)。

(3) 荷兰波士绿薄荷力娇酒 (Bol s Creme De Menthe Green)。

（四）奶油利口酒

(1) 爱尔兰百利甜力娇酒 (Bailey's Original Irish Cream Baileys)。

(2) 美国甘露咖啡利口酒 (Kahlua Coffee Liqueur)，可以调制出多种鸡尾酒。

图 11-31　世界著名的利口酒品牌

各类酒饮用时的最佳温度如图 11-32 所示。

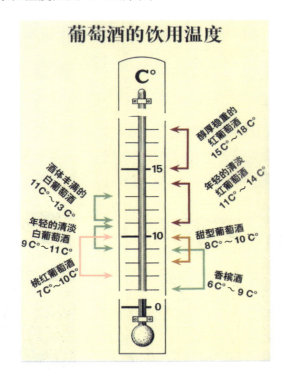

图 11-32　各类酒饮用时的最佳温度

九、常饮用的鸡尾酒

机上常饮用的鸡尾酒如图 11-33 所示。

图 11-33　机上头等舱的鸡尾酒

1. 莫斯科骡鸡尾酒

莫斯科骡 (Moscow Mule) 鸡尾酒如图 11-34 所示。

调制方法：大杯＋冰＋伏特加＋柠檬挤汁＋柠檬片＋搅拌棍。

2. 尼克拉斯加鸡尾酒

尼克拉斯加 (Nikolas chika) 鸡尾酒如图 11-35 所示。

调制方法：小高脚杯＋满杯白兰地，杯口上架一片柠檬，将砂糖在柠檬片中央倒成山形。

图 11-34　莫斯科骡鸡尾酒　　　　图 11-35　尼克拉斯加鸡尾酒

3. 金汤鸡尾酒

金汤 (Gin Tonic) 鸡尾酒如图 11-36 所示。

调制方法：大杯＋冰＋两成金酒＋汤利水至七成＋搅拌棍＋点缀物。

图 11-36　金汤鸡尾酒

4. 螺丝刀鸡尾酒

螺丝刀 (Screw Driver) 鸡尾酒如图 11-37 所示。

调制方法：大杯＋冰＋两成伏特加酒＋橙汁至七成＋搅拌棍＋樱桃。

5. 库乐鸡尾酒

库乐 (Cooler) 鸡尾酒如图 11-38 所示。

调制方法：大杯＋3/4 碎冰（适当压实）＋半杯红葡萄酒＋七喜至七成＋柠檬片。

图 11-37　螺丝刀鸡尾酒　　　　图 11-38　库乐鸡尾酒

6. 白兰地漂鸡尾酒

白兰地漂 (Brandy Float) 鸡尾酒如图 11-39 所示。

调制方法：大杯＋冰块＋冰镇苏打水至六成，将白兰地顺小勺倒入杯中，使酒浮于表面，用吸管饮用。

7. 血玛丽鸡尾酒

血玛丽(Bloody Mary)鸡尾酒如图11-40所示。

（1）大杯＋冰块＋两成伏特加＋四成番茄汁＋半成柠檬汁＋辣酱油＋芹菜盐＋黑胡椒＋搅拌棍＋柠檬片和芹菜杆，再连同黑胡椒和盐一同送给客人。

图11-39　白兰地漂鸡尾酒　　　　图11-40　血玛丽鸡尾酒

（2）当飞机上配有血玛丽(Bloody Marry)饮料时，大杯＋冰块＋两成伏特加＋血玛丽饮料至七成＋搅拌棍＋柠檬片，再连同黑胡椒和盐一同送给客人。

8. 天使之吻鸡尾酒

天使之吻(Angel's Kiss)鸡尾酒如图11-41所示。

小高脚杯＋八成咖啡利口酒，将牛奶顺小勺倒入杯内，使牛奶浮于酒上，用牙签串一颗樱桃，平架于杯口上。

图11-41　天使之吻鸡尾酒

练习题

1. 请说出德国、丹麦著名的啤酒名称。
2. 中国、日本著名的啤酒有哪些？
3. 世界上著名的香槟酒产于哪个国家？
4. 盖世峰(Geyser Peak)桃红葡萄酒产于哪个国家？
5. 中国著名的葡萄酒，有哪些品牌和产地？
6. 白葡萄酒多用于配置什么菜肴？
7. 红葡萄酒多用于配置什么菜肴？
8. 世界上著名的红葡萄酒，产自哪个国家、哪个地区？
9. 世界上著名的白葡萄酒，产自哪个国家、哪个地区？
10. 提供红、白葡萄酒最佳饮用温度是多少？
11. 两舱迎客时提供哪种酒类？
12. 直喝白兰地(Cognac)通常在哪道供餐程序之后饮用？
13. 黑方、红方、兰方、金方系列威士忌产于哪个国家？
14. 世界上最著名的伏特加(Vodka)产于哪个国家？
15. 世界上最著名的金酒(Gin)产于哪个国家？
16. 法国Get 27薄荷利口酒、墨西哥咖啡利口酒通常在什么时候饮用？
17. 金汤鸡尾酒的基酒是什么？
18. 简述血玛丽鸡尾酒的配制方法。
19. 皇家咖啡的基酒是什么？

第十二章
两舱的供餐程序

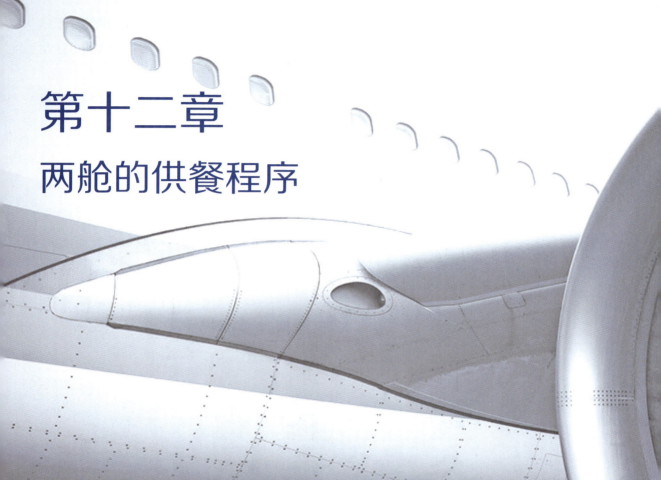

　　西餐这个词是由于它特定的地理位置所决定的。"西"是西方的意思，一般指欧洲各国。"餐"就是饮食菜肴。我们通常所说的西餐主要包括欧洲国家、拉丁美洲、东南亚各国的菜肴。西餐一般是以刀叉为主要餐具，以面包为主食，多以长方形桌面为台形。

　　西餐的主要特点是按位、分道上菜。西餐大致可分为法式、英式、意式、俄式、美式、地中海式等多种不同风格的菜肴。不同国家的人有着不同的饮食习惯，有种说法非常形象，说"法国人是夸奖着厨师的技艺吃，英国人注意着礼节吃，德国人喜欢痛痛快快地吃……"美国菜肴是在英国菜肴的基础上发展起来的，继承了英式菜简单、清淡的特点，口味咸中带甜。美国人一般对辣味不感兴趣，喜欢铁扒类的菜肴，常用水果作为配料与菜肴一起烹制，喜欢吃各种新鲜蔬菜和各式水果。

航空公司为了满足高端乘客的需求，正努力让每一位客户享受到体贴入微的服务，提供个性化服务，乘客在预订机票时就可以提前预订自己喜欢的可口菜肴。例如，在北京始发之航班有18种精选佳肴，包括全聚德烤鸭、甜羹、烤麸、盖浇饭等特色中餐，还备有鱼子酱、哈根达斯雪糕、各种奶酪和蛋糕等供乘客选择。航空食品公司根据航程的长短可分别提供小吃、快餐、中餐、西餐等多种类别。

下面以一顿正餐为例向大家详细介绍机上为头等舱乘客服务的供餐流程，如图12-1所示。

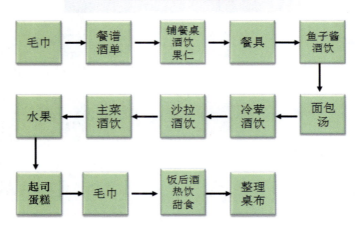

图 12-1 头等舱的供餐流程

第一节　为用餐旅客提供一条热毛巾

供餐前首先为乘客提供一条热毛巾，以示准备开餐，并与乘客进行良好的沟通。提供方式：用份装在独立器皿方式呈现给乘客。头等舱提供的小毛巾如图12-2所示。

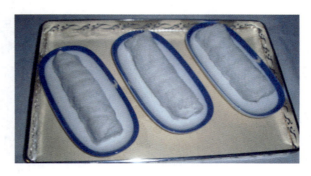

图 12-2 头等舱提供的小毛巾

第二节　提供餐谱、酒单

提供餐谱，主动介绍当日主菜以供乘客选择，如图12-3所示。

图12-3　头等舱提供餐谱

第三节　铺桌布、提供餐前酒水

(1) 铺桌布的要求。协助乘客打开小桌板，将桌布展开铺平，尽可能一次到位，如不平整，拉动四角稍加整理，以不影响乘客为宜。

(2) 提供餐前酒水。沿着乘客的右侧依次摆放餐前饮料、小吃和餐巾纸（见图12-4）。

图12-4　头等舱铺桌布、提供餐前饮料

第四节　摆放餐具

摆放餐具共有两种方式：一种刀叉包整体呈现，放在桌面右侧；另一种打开刀叉包，以桌面边缘为界线，左侧叉、右侧刀将依次摆放。摆放动作要求位置准确、一步到位，面包盘和黄油碟摆放在左侧上方，小型胡椒、盐盅、牙签摆在桌面正上方边缘处，如图12-5所示。摆放餐具时要求动作娴熟、轻柔、一次到位，尽量避免在桌面上反复调整或脱落失手。

图 12-5　摆餐具

第五节　鱼子酱

作为顶级奢侈品的代表鱼子酱，可让乘客尽享卓越与快感美味。很多航空公司为了迎接高端乘客的到来，增配了一道精致美食鱼子酱，让乘客享用一道不同凡响的开胃品。图12-6所示为鱼子酱。

以下是鱼子酱的配制方法。

(1) 将鱼子酱、各种配料摆在车上。

(2) 将伏特加酒和3种白葡萄酒同时摆在车上提供。

(3) 柠檬夹、柠檬角一个。

(4) 吐司面包一片(无须加热)。

(5) 蛋白、蛋黄、洋葱碎、酸奶油、芫茜少量。

(6) 刀叉包、七寸盘。

图 12-6　鱼子酱

第六节　面包、汤

一、面包

面包含有蛋白质、脂肪、碳水化合物、少量维生素及钙、钾、镁、锌等矿物质，口味多样，易于消化、吸收。在全套西餐进食中面包是不可缺少的食品，贯穿始终。西餐吃面包的方法，是用手一块块撕下送进口中。机上配备的面包种类繁多，可充分满足不同口味的乘客。下面向大家介绍机上正餐所提供的面包。机上提供的面包种类如图 12-7 所示。

- 牛奶农夫包 (Milk Farmer Roll)。
- 芝麻花瓣包 (Sesame Twist Roll)。
- 芝麻包 (Sesame Twist Roll)。
- 罂粟籽包 (Poppy Seed Roll)。
- 小圆包 (Soft Roll)。
- 燕麦包 (Oat meal Bread)。
- 法尖包 (French Roll)。
- 娄根包 (Lou gen Roll)。
- 斯堪麦包 (Scandinavian Rye Roll)。
- 蒜蓉包 (Garlic Bread)。

图12-7　面包的种类

面包的提供方法如图12-8所示。

图12-8　面包提供方法

二、汤

西餐中的汤大都口感芬芳浓郁，有很好的开胃作用。一般来说，汤是西餐的"开路先锋"，只有开始喝汤时才算开始吃西餐。常见的汤有白汤、红汤、清汤等。航空公司根据乘客需求有计划地定期更换汤的品种，下面向大家介绍具有代表性的几款汤品，如图12-9所示。

1. 中式汤

- 清补凉汤。
- 银耳雪梨炖排骨汤。
- 花旗参炖鸡汤。

2. 西式汤

- 口蘑奶油汤。
- 南瓜奶油汤。
- 芦笋奶油汤。

图 12-9　汤的种类

第七节　冷　荤　盘

一般来说，西餐所谓的头盘就是开胃菜，冷头盘多是鹅肝酱、鱼子酱，热头盘是昂贵的熏鲑鱼或香草牛油焗蜗牛，如图 12-10 所示。如果是鹅肝酱或是鱼子酱则要搭配白葡萄酒。头盘冷菜所搭配的酒都以简单、清爽、开胃为首选要素：可以是简单的香槟、起泡葡萄酒，也可以是干白，如果头盘冷菜里有红肉类荤食，则更适合选择清爽开胃、较浓郁一些的 Rose 粉红酒。

图 12-10　头盘菜冷荤盘

第八节　沙　　拉

沙拉是一道开胃菜，机上所提供的沙拉浇汁有以下几种，如图 12-11 所示。

- 恺撒汁 (Caesar Dressing)。
- 千岛汁 (Thousand Island Dressing)。
- 法汁 (French Dressing)。
- 日式柚子汁。
- 意式香醋汁 (Italian Balsamic Dressing)。

图 12-11　沙拉

第九节 主　　菜

1. 配制主菜的方法

开胃冷菜结束后提供主菜，是整个供餐中最重要的一道程序。主菜有 3 种热食可供选择。乘务员根据乘客的需求进行配制。配制主菜共有两种操作方法。

(1) 份摆方式。

用九寸盘，从左到右、从浅到深的顺序配制摆放，如图 12-12 所示。

图 12-12　主菜的种类

(2) 盖浇式。

用九寸盘，主菜放在盘子中间，将配菜放在主菜上面或周围，最后将浇汁洒在上面。

- 牛柳 (Beef Tenderloin)。
- 小洋葱汁 (Shallot Sauce)。

- 黄油芦笋 (Butter Asparagus)。
- 扒红椒 (Grilled Red Pepper)。
- 烤土豆花 (Duchess Potato)。
- 芝士煎鲈鱼 (Seabass Picatta)。
- 黑橄榄番茄汁 (Black Olive & Tomato Sauce)。
- 香草蛋面 (Herb Egg Noodles)。
- 回锅肉 (Stir-fried Boiled Pork Slices In Hot Sauce)。
- 芦笋红根 (Sauteed Asparagus & Carrot)。
- 米饭 (Steamed Rice)。
- 豉汁鸡块 (Stewed Chicken & Black Bean Sauce)。
- 红椒黄西葫芦菜心 (Grilled Red Pepper Yellow Zucchin & Veg)。

2. 用餐小常识

服务员通过乘客刀叉摆放的方位判断乘客用餐的状态。西餐餐具的使用方法如图 12-13 所示。

用餐中（英式） 用餐中（法式）

用餐完毕（英式） 用餐完毕（法式）

图 12-13　西餐餐具的使用方法

第十节　餐后水果、奶酪、甜品

乘客用过主菜后需要清理餐桌，桌面上只留下一副刀叉勺和酒杯。

西方人习惯饭后食用水果、奶酪、甜品等，品尝奶酪的同时常与干红葡萄酒相匹配。下面向大家介绍航空班机上配置的几种甜品。

一、水果

饭后水果 (Fruit) 如图 12-14 所示。

图 12-14　饭后水果配制

水果是饭后提供的一道甜品，多数乘客喜欢用过主菜后，品尝一些新鲜水果，使口腔清新。航空公司按照西餐的习惯，为乘客准备了丰富、时令、新鲜的水果，深受乘客的欢迎。

(1) 水果种类，以时令为主。

(2) 配置水果通常使用 7 寸盘。

(3) 水果篮 (Fruit Basket)。

二、奶酪

饭后提供的奶酪 (Cheese) 如图 12-15 所示。

1. 种类

- 埃丹干酪 (Edam Cheese)。
- 卡门塔尔干酪 (Camembert Cheese)。
- 切德干酪 (Cheddar Cheese)。
- 蓝纹干酪 (Blue Cheese)。
- 蒜蓉奶酪 (Gallic Cheese)。
- 鲜奶酪 (Caccheotta Cheese)。

图 12-15　奶酪的种类和名称

2. 奶酪配料

奶酪配料如图 12-16 所示。

- 西梅/杏脯 (Dry Prune/Dry Apricot)。
- 什锦果仁 (Mixed Nut)。

图 12-16　奶酪配料

3. 奶酪的切割方法

不同形状的奶酪在切割上通常有相应的规定，如图 12-17 所示，并且规定一种奶酪一把刀，切记不可混用。

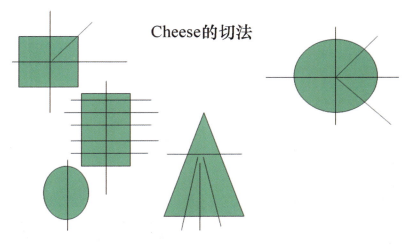

图 12-17　奶酪切割方法

4. 提供方式

每一种少许，装在 7 寸盘内，同时与红葡萄酒搭配，其中芝士摆盘：12 点钟方向——青、红根（芹菜条、胡萝卜条），3 点钟方向——果脯，6 点钟方向——芝士，9 点钟方向——饼干，如图 12-18 所示。

图 12-18　奶酪的提供方法

三、蛋糕

蛋糕是一道不可缺少的甜品，其切割方法如图 12-19 所示。

(1) 航空公司机上配置的蛋糕有多种，每隔一段时间会调整更新。

(2) 使用 7 寸盘，蛋糕铲和一把餐刀同时配合。

图 12-19　蛋糕切割方法

第十一节 送热毛巾

航空公司机上提供的热毛巾如图 12-20 所示。

图 12-20 机上提供的热毛巾

第十二节 餐后热饮、巧克力、酒类

饭后热饮、巧克力、酒类如图 12-21 所示。

"咖啡"一词源自希腊语"Kaweh",意思是"力量与热情"。喝上一杯有着醇香四溢的苦感可口热咖啡,是一种美好的享受。

多数乘客习惯用完甜品后首选一杯浓郁香醇的热咖啡或热茶,有的乘客喜欢选择饭后甜酒。

(1) 在提供饭后热饮之前首先清理桌面,留下一把小勺。

(2) 提供咖啡种类:黑咖啡、咖啡+伴侣、咖啡+伴侣+加糖、咖啡+糖。

(3) 皇家咖啡制作方法:咖啡杯+热咖啡+几滴白兰地,将糖包和小勺放在杯垫上,通常不加奶,用于饭后。

(4) 茶种类:绿茶、花茶、普洱茶、菊花茶。其中红茶提供方式:红茶、红茶+柠檬+糖、红茶+牛奶+糖。

(5) 热巧克力饮品。

(6) 酒类:樱桃利口酒、奶油利口酒、薄荷利口酒、咖啡利口酒。

(7) 巧克力:有盒装、散装。

图 12-21　饭后热饮和酒

开启香槟酒的方法如图 12-22 所示。

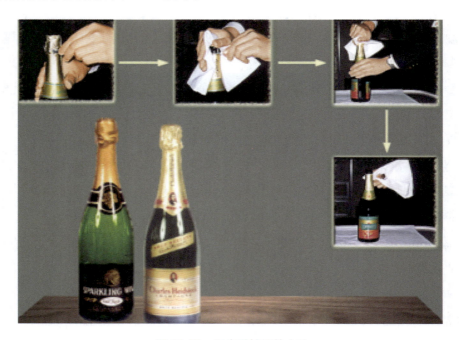

图 12-22　开启香槟酒的方法

(1) 将瓶塞处的锡箔沿绳结去除，检查瓶塞与酒瓶铁丝是否紧密。

(2) 用餐巾盖住瓶塞，小心拧开铁丝，握住瓶塞并倾斜 30°～45°，以免泡沫溢出。

(3) 转动瓶子并且轻轻拔出瓶塞。用餐巾将瓶颈擦拭干净。

提供香槟酒的温度。香槟的饮用温度在 6℃～9℃，提供前的准备同白葡萄酒。香槟酒通常作为迎宾饮料使用，也可在餐中提供。

葡萄酒的提供方法如图 12-23 所示。

图 12-23　葡萄酒的提供方法

将餐巾对折成正方形作为垫布，露出酒标，面对乘客站位成 45°，左手中指和食指托住瓶底，右手虎口朝下托住酒瓶上部，手臂略向前伸展，请乘客确认酒标。

第十三节　供餐结束清理桌面

(1) 清理桌面。

(2) 协助乘客收起小桌板。

练习题

1. 西餐的特点是什么？
2. 为乘客铺餐桌时应注意什么？
3. 提供鱼子酱时有哪些辅料？同时提供什么酒？
4. 西餐食用面包的方法是什么？
5. 西餐汤应在哪一道程序后提供？
6. 食用头盘冷荤——开胃菜，通常提供什么酒？
7. 食用奶酪时应提供什么酒？
8. 机上饭后热饮共有几种？
9. 简述皇家咖啡的调制方法。
10. 简述开启香槟酒的方法及注意事项。

参 考 文 献

[1] 陈淑君. 民航服务、沟通与危机管理 [M]. 北京：中国民航出版社，2006.

[2] 谢泗新，冯素君，康燕. 航空公司服务遭遇与服务补救 [J]. 中国民用航空，2001(6).